EUGÈNE BLAIRAT

CE QUI EST

> *Ce livre aura contre lui les cléricaux, les matérialistes, les philosophes, les politiciens, les savants, les féministes, les juifs, les socialistes et les fonctionnaires.*

PARIS

ÉDITION DE « CE QUI EST »

6, RUE DE TURENNE

1905

EUGÈNE BLAIRAT

CE QUI EST

> *Ce livre aura contre lui les cléricaux, les matérialistes, les philosophes, les politiciens, les savants, les féministes, les juifs, les socialistes et les fonctionnaires.*

PARIS

ÉDITION DE « CE QUI EST »

6, RUE DE TURENNE

1905

LA SCIENCE

LA RELIGION

LA POLITIQUE

LA FEMME

LES SOCIALISTES

CONCLUSION

La Science

Parfois, au désert, un ouragan emporte dans son tourbillon des milliards de grains de sable.

Si l'on disait à un homme :

« Sur un des plus petits de ces grains de sable
« perdus dans la tourmente, se trouve un être si
« infime qu'il est perdu lui-même sur ce grain ridi-
« cule.

« Et cet être s'imagine que tout est créé pour lui,
« que Celui qui a déchaîné la tempête l'a fait à son
« image ; il se révolte contre cette force dont il ne
« peut même pas deviner l'origine, il la discute, il
« la nie. Les milliards de grains de poussière voisins
« ne sont pas un sujet d'études suffisant à sa vanité ;
« il invente des mondes où il sera éternellement
« triomphant.

« Lorsqu'on essaie de lui montrer les autres
« parcelles qui forment le tourbillon, qui l'enser-
« rent, lui envoient la chaleur, la lumière, la vie, il

« ferme les yeux, confiné dans l'admiration de sa
« propre personne ».

L'homme, pris de pitié, hausserait les épaules.

Cependant c'est encore là qu'en est la science humaine.

*
* *

Pour aborder les problèmes concernant notre Terre, il faut d'abord renoncer à connaître ce que les savants se sont si longtemps obstiné à chercher : le créateur, l'origine et la raison d'être de la création.

Notre misérable intelligence ne possède pas, et ne possèdera jamais, la notion de l'Infini, de l'Eternité, — et l'infini comme l'éternité sont la caractéristique de Ce qui Est.

Il y a plus d'étoiles que nous ne pouvons nous le représenter, il y en aura plus longtemps que nous ne pouvons l'imaginer.

Ce fut la grande erreur des philosophes de se demander si la Matière est créée ou incréée. Nul être, sur terre, ne saura jamais d'où est sorti notre monde, qui l'a créé, dans quel but, ni même s'il a eu un commencement et s'il aura une fin.

Les mondes naissent, vivent, meurent et se reforment, pour naître, vivre, mourir et se reformer de nouveau.

Autant chercher le commencement ou la fin d'un cercle.

Nous sommes un des chaînons de cette chaîne

qui roule depuis un temps dont nous n'avons aucune idée, et qui paraît devoir ne jamais finir.

Toutes les philosophies qui reposent sur l'hypothèse d'un créateur sont fausses dès le principe.

En revanche, nous pouvons étudier les faits dont notre cerveau a la compréhension, interroger les chaînons voisins de l'éternelle chaîne, savoir à peu près notre rôle dans ce perpétuel recommencement.

**

Ce qui existe se compose de l'Esprit, force intelligente et juste, et de la Matière.

L'Esprit est impondérable, invisible ; la Matière est formée de molécules extrêmement petites entre lesquelles se meut l'Esprit.

Cet Esprit et cette Matière sont partout, l'Esprit toujours impondérable, la Matière subissant des transformations que nous pouvons suivre, — surtout depuis que les instruments astronomiques et la photographie nous ont révélé quelques secrets de la grande voûte.

**

Aujourd'hui on se rend un compte assez exact de la formation des mondes.

Avec de bonnes lunettes, on suit aisément la naissance des systèmes solaires. On aperçoit tantôt un nuage de feu poussé, semble-t-il, par un souffle prodigieux, masse lumineuse qui roule sur elle-même pour s'agglomérer ; tantôt une boule presque parfaite, sur le point de devenir un soleil comme le nôtre.

Car ces boules forment des soleils desquels sortent ensuite les planètes qui tourneront autour d'eux.

Ces globes de Matière cosmique passent de l'état gazeux à l'état fluide, de l'état fluide à l'état pâteux et, enfin, se solidifient, leur solidification commençant par une croûte extérieure qui gagne jusqu'au centre.

Naturellement les masses les plus grosses résistent le plus longtemps à l'action du refroidissement ; notre Soleil est encore à l'état pâteux ; la Terre, plus petite, possède une croûte sur laquelle nous vivons ; la Lune, plus petite encore, est entièrement refroidie et solide.

***

Les soleils, à l'état fluide, tournant avec une vitesse très grande autour de leur axe, envoient des éclats de feu. Ces éclats se détachent perpendiculairement à l'axe et, projetés au loin, continuent leur rotation à une distance variant suivant leur force de projection. Ils sont retenus dans l'air, à leur place, par l'attraction dont Newton a donné la loi.

A mesure que les soleils se refroidissent, les

éclats sortent plus péniblement, sont, en général, plus petits, et vont moins loin. Il arrive un moment où l'astre est assez épais pour que plus rien ne se détache de lui.

Ensuite, sur ce globe central se forme une croûte qui l'envahit à son tour, et il roule, glacé, comme les mondes sortis de lui, jusqu'à ce que, obéissant à une loi encore inconnue, ils se refondent et recommencent leur existence.

Il faut ajouter qu'au début, les boules sorties, en fusion, du soleil, jettent elles-mêmes des éclaboussures qui tournent autour d'elles comme elles autour du soleil, et qu'on appelle des satellites.

*
* *

Tous ces mondes sont unis par un lien que nos yeux ne voient pas, mais dont l'existence est la Loi suprême.

Chaque globe exerce sur ceux qui forment avec lui la famille solaire une attraction pondérée par les attractions des autres globes.

Le Soleil attire la Terre qui est elle même attirée par les autres planètes, de façon à ne pouvoir s'écarter de sa route.

Chaque astre subit ces influences, est tenu dans un réseau allant aux autres astres.

Pour le système dont nous faisons partie, on peut aisément se rendre compte de cet échange de forces en imaginant une boule de deux mètres de diamètre autour de laquelle graviteraient des boules, l'une grosse comme une bille de billard, d'autres comme des noix, une autre, — la Terre, — comme un grain de blé, d'autres plus petites encore, et toutes reliées, tant au Soleil, centre du mouvement, qu'entre elles, par une corde tendue mais élastique.

On comprend que si une des cordes cassait, l'équilibre serait rompu, et un nouvel équilibre s'établirait.

De même si une autre boule, si petite fut-elle, venait s'ajouter au réseau, les autres seraient un peu déplacées avant de reprendre leur cours régulier.

A chaque éclat nouveau sorti du Soleil pour suivre sa route autour du père commun, les autres globes se déplaçaient, beaucoup quand surgissait le monde gros comme une bille de billard, très peu pour le grain de blé ou de mil.

*
* *

Les premiers éclats sont allés très loin du foyer central, si loin que, sans doute, nous ne les apercevons pas tous.

Ceux que nous voyons à peine se nomment Neptune ou Uranus ; ils sont dans la proportion d'un œuf de pigeon à la boule de deux mètres.

Puis Saturne, presqu'aussi grand que Jupiter, le suivant, qui est 1300 fois comme la Terre.

Ensuite une planète qui s'est brisée en mille morceaux sous le choc, peut-être, d'un autre éclat ; on en suit les débris, et chaque astronome s'amuse à en découvrir un.

Puis, soit Mars, soit la Terre, le premier plus éloigné mais, sans doute, plus récent que la Terre.

Enfin, Vénus et Mercure.

Celui-ci est assez proche du Soleil pour qu'on puisse affirmer qu'il sera la dernière éclaboussure du foyer devenu trop consistant pour qu'il s'en détache une autre parcelle.

Jusqu'à la naissance de Mercure, chaque nouvelle adjonction d'un monde au système changeait la situation des autres points du réseau.

Ce fut à l'occasion de cette naissance que notre Terre connut la secousse appelée « déluge » dans la Bible, un bouleversement de la planète qui, attirée par un nouveau lien, changea de place.

La secousse ne dut pas être bien forte ; elle suffit cependant pour verser la mer sur les continents ; la fange forma, sous cette impulsion, ces collines où les tailleurs de pierre trouvent des squelettes d'animaux étranges.

*
* *

Les planètes et, bien entendu les satellites qui émanent des planètes exactement comme celles-ci sortent du foyer central, sont donc liés aux mondes du même système qu'eux et au Soleil, par une sorte de fil invisible pour nous, dont l'action est appréciable lorsqu'il s'agit d'un globe voisin. Ainsi c'est par ce lien que la Lune attire chaque jour vers elle les flots de l'Océan. Le flux n'a d'autre cause que l'action combinée de la Lune et du Soleil sur notre Terre.

***

Outre cette action constante, il en est une autre, aussi puissante, et dont il est plus facile encore de se rendre compte.

Les effets produits par les corps en travail, par exemple la lumière, la chaleur, le son, se manifestent par des ondes vibratoires dont la puissance diminue à mesure qu'elles grandissent en s'éloignant de leur point de départ.

Une pierre jetée dans l'eau donne l'image de ce phénomène.

Les premiers ronds sont violents, les seconds adoucis ; l'œil suit difficilement les derniers.

De près, qu'il s'agisse de la lumière, du son ou de la chaleur, l'homme ressent une sensation aiguë. Il est ébloui, ou assourdi, ou brûlé. S'il se tient un peu éloigné, la sensation sera moins forte ; s'il recule beaucoup, il aura de la peine à la constater.

Les molécules, près du foyer de ce phénomène, sont brutalement actionnées ; l'air est bouleversé par leurs mouvements saccadés, elles se choquent entre elles brusquement.

Mais ce choc s'amortit en s'éloignant du foyer ; les

premières ondes sont courtes, vives, les molécules de matière s'agitent furieusement ; les suivantes sont moins vibrantes, les atômes de l'air remuent moins sous le choc adouci ; les dernières donnent l'impression d'un flot qui bruisse à peine avant de mourir sur la grève.

*
* *

L'Esprit, la Force qui se trouve entre les molécules, subit fatalement l'influence de ces mouvements des atômes qui l'enserrent, et il suit le sens des ondes formées ; il recule devant l'agitation des premières couches de molécules qui ne lui laisse plus sa place régulière.

Chacun des globes émanés du soleil, avant d'être enveloppé d'une croûte presque inerte, produisait une série d'ondes dont la puissance était proportionnelle à sa grosseur et à son calorique. Aujourd'hui, planètes et satellites ont des rayonnements beaucoup moins importants. Seul, le Soleil est toujours un foyer formidable d'ondes de toute sorte, ondes terribles pour les corps placés près de lui, mais dont l'énergie va en se perdant jusqu'aux limites de son royaume.

*
* *

Ainsi les mondes avec lesquels la Terre gravite subissent ces deux lois générales : ils sont liés les uns aux autres par des liens si solides, si nécessaires, que si le plus petit de ces mondes disparaissait, tout le réseau chercherait un autre équilibre ; et ils sont compris dans un immense mouvement d'ondes qui part du Soleil et va en diminuant de puissance.

Les planètes enveloppées dans ce dernier mouvement suivent le sort de l'Esprit qui les anime, les pénètre, les transforme, cherche constamment à faire avec la matière brute, des êtres intelligents. Les terres demeurées près du Soleil ressentent son influence plus difficilement que celles qui sont baignées dans les ondes tranquilles.

Sur celles-ci l'action de l'Esprit peut s'exercer presque librement ; sur les autres, elle est contrariée par l'agitation constante.

Il y a lutte entre la force intermoléculaire et les molécules, lutte où la Matière triomphe lorsqu'elle est en plein travail, où elle cède quand elle se trouve loin du foyer.

Mercure sera bientôt calciné et, sûrement, jamais une race intelligente ne se créera dans le chaos de son atmosphère.

Vénus, la planète suivante, est encore trop près du foyer central pour nourrir autre chose que des animaux grossiers, primitifs. L'Esprit a trop de peine à s'imposer dans les vibrations encore violentes, pour animer des êtres un peu supérieurs.

Notre Terre est le premier échelon qui s'élève au-dessus de ces milieux, et encore depuis sa dernière transformation seulement. Auparavant elle était peuplée, comme doit l'être Vénus, de monstres hideux voués aux querelles de bêtes de proie.

Depuis que Mercure est sorti des flancs du Soleil, gestation qui a causé à cet astre un refroidissement et, de plus, a placé entre lui et nous un nouvel orbite, la Terre a connu des êtres ayant une notion de la Justice, de la Bonté, de la Prière, la vision vague d'une survie dans des mondes meilleurs.

Avant la commotion du déluge, les conditions de la Terre étaient suffisamment douces pour qu'elle fut habitée par des êtres intelligents ; aux pôles il ne faisait pas plus chaud que, plus tard, sur les plateaux d'Asie où parut Adam.

Mais les ondes du Soleil venaient trop violentes pour permettre à l'Esprit d'accomplir son œuvre.

Sur Mars, la Justice et la Bonté sont une règle générale, et Jupiter, Saturne ou Uranus doivent être peuplés d'habitants dédaigneux des misères de la Matière.

Il n'y rien autre que l'Esprit et la Matière.

Tout ce qui est formé par les molécules, des cailloux brûlés de Mercure aux roches de diamant de Neptune, fait partie de la même Matière. Et tout ce qui vit, de la hideuse limace à l'habitant des mondes merveilleux, est animé par le même Esprit.

Mais comme la Matière résiste plus ou moins à l'œuvre de l'Esprit, il en résulte une très grande différence entre les êtres animés, les uns appartenant presque tout entier à la force brute, les autres pénétrés presque entièrement par la Force intelligente.

*
* *

Ce combat entre les deux Forces est l'unique raison d'être de tout ce que nous voyons.

L'Esprit n'est pas le maître absolu, et la Matière, près du Soleil, est plus puissante que lui.

Nous ignorerons toujours, de cette lutte, l'origine et les motifs.

*
* *

Elle est le principe de Ce qui Est, la formule de la formation des mondes et de leur développement.

Elle est si évidente, que quand l'humanité aura secoué le joug des matérialistes et des prêtres, on s'étonnera qu'on ait pû établir sur d'autres bases une science et une religion.

La difficulté qu'éprouve l'Esprit à former des êtres vivants, lorsque, force intermoléculaire, il est gêné par l'agitation des molécules, est la seule explication possible, simple, normale, de ce que voient nos yeux et notre intelligence.

*
* *

Chez nous la Matière étreint la presque totalité des êtres ; l'Esprit leur donne la vie, l'instinct, la mémoire, sans pouvoir les sortir de la fange terrienne.

La plante grimpante qui s'accroche aux aspérités des murailles, l'insecte qui fait le mort en cas de danger, le fauve qui chasse, ont des idées.

Mais ces idées demeurent consacrées aux obligations d'ici-bas ; l'Esprit ne peut élever au-dessus de notre planète des êtres qui ne répondent pas à son appel.

Cependant, parfois, la Force intelligente parvient à animer des hommes produisant des idées justes et nobles.

Alors cette Force bonne attire ces idées vers les globes où elle est la maîtresse ; elle met les cerveaux de ces hommes en communication avec les mondes supérieurs.

Et il semble à ces privilégiés qu'ils sont appelés par un monde inconnu, différent de notre globe, ce qui est, d'ailleurs, exact.

Ils ont la notion d'un état qui n'est pas celui de la Terre, d'un milieu où règnent la Justice, la Vérité, la Foi au Bien et au Beau, l'espoir d'aller vers la Perfection, — milieu différent de celui où vivent les autres hommes et les autres animaux, qui ne s'inquiètent jamais de la Justice, de la Vérité, de la Perfection et du Beau.

Une idée est une portion de l'Esprit recevant l'empreinte de l'Etre qu'elle traverse.

L'Esprit anime la Matière, et la Matière impressionne l'Esprit, « l'individualise ».

**
* *

Les hommes ont été si longtemps élevés dans l'adoration d'un Dieu pur Esprit et Créateur omnipotent, qu'ils admettront difficilement cette action de la Force brute sur la Force intelligente.

Rien n'est plus naturel cependant.

La Force intermoléculaire ne peut que se ressentir des variations des molécules.

*
* *

Les idées dignes des mondes supérieurs vont à la planète voisine par le fil qui unit les globes, en suivant le sens des ondes solaires.

Ce passage s'opère immédiatement, car l'Esprit ignore le temps et l'espace.

Les mouvements de la force matérielle, qui nécessitent une série de chocs de molécules, subissent fatalement les lois physiques, ils exigent une durée relative à l'espace parcouru ; mais la force intermoléculaire est partout à la fois, et son action est aussi prompte entre deux planètes qu'entre deux points du même logis.

*
* *

On peut appeler fluide magnétique cette parcelle

d'Esprit qui traverse notre cerveau et va vers les mondes supérieurs.

Mais ce fluide n'est pas une autre force créée par le contact de l'Esprit et de la Matière ; c'est une fraction de l'Esprit qui a animé la Matière dont nous sommes composés, et qui à son tour, a été impressionnée par elle de façon à garder l'individualité de l'être.

L'humanité se divise en producteurs de fluide et en non producteurs.

La délimitation entre ces deux classes s'établit aisément.

D'un côté ceux qui envoient vers les planètes supérieures leurs idées, nerveux, inquiets, cérébraux, mal d'aplomb, perdus dans la société, chercheurs de mieux, épris de merveilleux, rêveurs incorrigibles.

De l'autre, ceux dont les pensées ne quittent jamais la Terre, sanguins, bien établis pour la lutte, épais, pratiques, n'égarant pas leurs désirs, se groupant pour mieux dominer les faibles, niant toute religion, ne s'arrachant jamais aux étreintes de la réalité.

Cette distinction ne saurait être réglée d'une façon absolue, car les hommes varient suivant les événements, subissent l'empreinte des maîtres et des milieux.

Pourtant, ce sont deux catégories dissemblables.

Le corps d'un nerveux est très différent de celui d'un sanguin : si on pouvait étudier leurs cerveaux, on verrait, sûrement, une bien plus grande différence encore.

On saurait pourquoi, de ces deux piles magnétiques, l'une fonctionne, et l'autre non.

*
* *

Les sanguins, à de très rares exceptions près, ont toujours régné sur notre planète ; ce sont des terriens, ils sont chez eux ici-bas.

Les autres, de tout temps, coururent après des chimères, et sacrifièrent les joies humaines aux voluptés entrevues.

Comme ils ne pouvaient pas se rendre compte de ce qui les attirait en dehors des plaisirs dont les trois quarts de leurs voisins se contentaient, ils inventaient les Champs-Elysées, le Paradis, ils s'isolaient dans les Thébaïdes, ou passaient des jours en extase. Ils se croyaient appelés par le Créateur, un Dieu qui résumait leurs adorations.

Ces mystiques, d'ailleurs, ne se trompaient guère. Ils étaient bien attirés par les mondes radieux devinés à travers l'azur. Leur âme s'envolait, entre les molécules de l'air et en suivant le fil attractif, vers une Terre de Justice, et les mystiques d'aujourd'hui sont attirés comme eux, revivent comme eux sur le Ciel le plus proche.

Une sélection identique se fait ensuite sur l'échelon voisin.

De Mars ou de Jupiter partent, vers Saturne, des pensées dignes de cette nouvelle Terre, plus douce encore et plus agréable, puisque le Verbe peut y dominer plus à l'aise les manifestations de la vie.

Il en est de même de Saturne à Uranus, d'Uranus à Neptune, et de Neptune aux planètes que nos télescopes n'ont pas découvertes encore, et où les habitants sont pénétrés par l'Esprit comme un verre d'eau pure par un rayon de soleil.

Puis le fil s'arrête. On est arrivé au bord des espaces immenses qui séparent notre royaume du royaume voisin.

Sur ces confins des Mondes, les habitants connaissent sans doute le grand problème défendu à nos pauvres cervelles ; ils savent la raison du perpétuel recommencement des choses.

C'est ainsi que, de notre Soleil aux espaces s'étendant entre les autres étoiles, il existe une série de globes frères du nôtre, entourés et animés par l'Esprit qui porte à l'échelon supérieur les prières et les vœux des terres plus déshéritées.

Mais il n'y a pas d'action inverse, puisque les ondes suivent sans cesse le même mouvement.

Nous ne pouvons nous souvenir d'avoir vécu dans Vénus, où la notion même de l'âme n'existe pas, et il n'y a pas échange de pensées avec Mars ou Jupiter, le courant suivi par l'Esprit étant toujours dans le même sens.

*
* *

Telle est la psychologie de notre système solaire.

Elle est vraisemblablement la même autour de chaque étoile.

Elle est fort simple, appuyée sur des faits physiques naturels, fondamentaux.

Elle ne saurait pourtant satisfaire des hommes élevés depuis 6000 ans dans l'horreur de la vérité, et le respect superstitieux des conceptions les plus folles de l'imagination.

Ils n'admettent pas que la transmission de leur individualité dans un autre monde soit un fait naturel, ordinaire ; chaque religion leur montre ce passage de l'âme vers les cieux comme la mission d'un Créateur tout puissant, un fait en dehors des lois physiques, d'ordre surnaturel.

Or, il n'y a pas de surnaturel.

C'est un mot de philosophe, sans aucune signification.

Il y a des questions incompréhensibles, des phénomènes qui échappent à l'entendement, il n'y en a pas qui ne fassent partie de la transformation de la Matière, de sa lutte avec l'Esprit.

*
* *

L'Esprit existe autant que la Matière ; seulement ils ont ses propriétés différentes, ce qui explique comment les religions terrestres ont toutes cru à deux divinités : le Dieu du Mal, représentant la Matière, le Dieu du Bien symbolisant l'Esprit, celui-ci maître absolu.

Mais précisément parce que c'était des religions, elles n'ont jamais voulu prendre la lutte de ces deux principes pour un fonctionnement naturel. Elles cherchaient toutes à connaître l'origine des choses, n'admettaient pas que cette origine leur échappât, et finissaient par créer la rivalité du Dieu du Bien et du Dieu du Mal, ce dernier toujours vaincu.

Elles se trompaient sur les deux rôles.

*
* *

La Matière n'est pas méchante : Elle est aveugle et implacable.

Ce qui se développe suivant ses lois suit son cours logique, naît, grandit, se reproduit et meurt. Ce qui vient dans des conditions défavorables, ce que l'Esprit anime dans un ordre que la Matière n'admet pas, est voué à péricliter et à mourir vite.

Sur notre planète elle est encore trop puissante pour qu'il ne faille pas subir son inexorable volonté. Si le grain tombe en bonne terre, il donne cent pour un ; sur une mauvaise, beaucoup moins ; sur le roc, rien.

Si la Créature est dans des conditions favorables, elle prospérera ; sinon elle sera frappée bientôt, elle et les siens. Car la Matière ne s'inquiète pas de savoir si l'Etre qu'elle condamne à souffrir, est la mère sublime, le bandit, la gazelle ou le tigre. Celui qui est établi normalement aura raison de celui qui est mal équilibré.

Cela est vrai pour le monde végétal, pour les animaux. Seul, l'homme, portion de Matière répondant aux efforts de l'Esprit, peut, parfois, biaiser avec ces obligations, prolonger la lutte, s'arracher au joug du plus robuste.

Car seul il possède un sens de Justice, un idéal de Bonté qui se révoltent contre cet arrêt du Destin.

Pourquoi frapper la mère admirable et laisser s'épanouir le coquin ? Pourquoi celui qui a hérité une roche meurt-il de faim, quand le propriétaire des bonnes plaines crève d'indigestion ?

Et cet idéal lui vient certainement de ce qu'il est attiré vers un pays où règnent cette Justice et cette Bonté, où tout le monde a droit au pain et aux caresses. Sans cela il n'éprouverait pas ce sentiment que, seul, il éprouve sur Terre, — et encore les trois-quarts des hommes l'ignorent-ils !

Les bêtes ne s'inquiètent jamais de l'équitable

répartition des biens ; elles imposent leur appétit, si elles le peuvent, ou se battent, sans songer à faire appel à un tribunal suprême.

L'homme a ce besoin, et s'il croit à une revanche c'est qu'il la trouvera ailleurs, parce que s'il n'y avait pas ailleurs ce qu'il cherche, il ne le chercherait pas.

Il n'y a pas d'effet sans cause.

* * *

Mais si la Matière n'est pas le Mal, l'Esprit n'est pas le Bien tout puissant qu'on s'est toujours représenté.

Vouloir à tout prix que le Dieu bon et juste fut la Force unique, alors que nous assistons à chaque minute au triomphe de l'injuste, était aller contre l'évidence même.

Et alors on inventait le jugement d'après la mort. Ce Dieu qui était bon juge après avoir été mauvais guide, décidait de votre sort. Il établissait une moyenne de vos bonnes et de vos mauvaises actions, et vous condamnait souvent à une éternité de peines.

C'était enfantin. C'est ce que dirait un professeur pour se débarrasser de ses élèves :

— Travaillez, je vous jugerai ensuite !

C'était surtout contraire à la vérité qui saute aux yeux.

* * *

La croyance que l'âme s'envole après la mort ne supporte pas l'examen.

" Quelle âme ? Le même homme en change toute sa vie !

Celle qu'il possède à 20 ans, âme héroïque, assoiffée d'idéal ; — ou celle qu'il a lorsque la quarantaine l'a rendu sceptique, l'a courbé vers la terre ; — ou celle qu'il a sur les confins de la vieillesse, âme d'avare ou d'intrigant, épouvanté de cette mort qu'il narguait ; — ou bien celle de l'octogénaire perclus, fini, sans le moindre élan vers l'Idée ?

Ce n'est plus le même homme. Son esprit s'est transformé comme son corps.

Laquelle de ces âmes survivrait ?

Pas la dernière, il faut l'espérer !

C'est à chaque instant que se fait l'envoi de l'individualité de certains vers les mondes qui les attirent.

A la mort ou à la décrépitude cesse toute survie.

Dieu n'a pas fait l'homme à son image, c'est l'homme qui s'imagine Dieu comme lui. Il se le représente comme un seigneur très puissant à qui tout obéit, une sorte de Roi des Rois habitant un palais féerique où il recueille ceux qui lui plaisent. Dieu, Maître, Sauveur, Vengeur, c'est toujours un homme.

Les prêtres ne veulent pas avouer qu'ils l'ignorent ; ils entourent le temple de mystères, établissent des dogmes intangibles, et menacent ceux qui cherchent à se rendre compte.

La Vérité est que, sur Terre, nul n'aura jamais la moindre notion de Dieu, parce que, on ne saurait trop le répéter, notre intelligence ne comprend pas ces mots « Infini, Eternité », qui sont la caractéristique de Dieu.

Quel Créateur a imposé les lois d'attraction ? Pourquoi ces manifestations par des ondes continuelles et ce perpétuel roulement ? Comment se fait-il que l'Esprit ne soit pas absolument le maître de la Matière ? Quel a pu être le principe de cet état ?

Autant de questions qu'un Terrien ne résoudra jamais ; sa pauvre logique se heurte à ces problèmes trop difficiles pour lui.

Mais si l'homme apprend par quelles lois il suit la filière des astres, s'il est certain de revivre sur des planètes supérieures, les conditions de son existence auront subi une excellente transformation, et son désir d'apprendre sera, à juste titre, satisfait.

*
* *

Ces mondes vers lesquels va notre âme sous une forme jusqu'ici inexpliquée ne ressemblent pas à la Terre et ne se ressemblent pas entre eux.

La Matière cosmique se compose d'éléments divers, mal fusionnés, et ses éclaboussures ont des propriétés différentes.

Les unes roulent avec une vitesse qui fait des jours et des nuits de cinq heures, d'autres mettent 165 ans pour accomplir le tour du Soleil. Chacune a deux, quatre et même sept lunes pour l'éclairer, des lunes plus grosses que notre Terre, et qui, encore vivantes, doivent être en communication avec la boule qui les a produites.

Par sa situation dans le système, sa densité, son âge, son volume, l'imbécilité et la méchanceté de ses habitants, la mort de son unique satellite, la Terre est très inférieure aux globes éloignés du Soleil.

* *

De quelle nature sont ces globes ? Quels paysages entourent les êtres qui les habitent ? Quelle figure possèdent ces êtres ? Comment vivent-ils ?

Ici l'imagination a le droit de se donner un libre cours.

Sans doute les visions les plus admirables sont au-dessous de la réalité. Le voyage de nos âmes à travers les terres immenses doit révéler des sensations indicibles, et nos rêves les plus fous sont grotesques à côté des splendeurs réelles.

Des mondes comme Jupiter ou Saturne doivent offrir des spectacles sans nom dans notre pauvre langue.

* *

Mais ils ont, certainement, un état d'être, une

façon d'exister, qui ne rappelle en rien le développement de ce que nous connaissons.

La densité des autres globes n'est pas celle de notre Terre ; ils ne sont pas dans les mêmes conditions de chaleur et de lumière; leur constitution est fort différente de la nôtre et, par conséquent, la transformation des molécules produit d'autres phénomèmes.

Obligés de tout rapporter à ce qui nous entoure, nous nous trompons beaucoup en attribuant à Saturne ou à Neptune un fonctionnement analogue à celui de la Terre.

Il peut se faire que ce qui nous paraît des lois générales et obligatoires : la naissance, la mort, la réaction après l'action, la lutte pour vivre, l'amour, la faim, n'existe plus là-haut.

On peut concevoir un monde où la vie se transmettrait sans changement d'individu, comme chez un arbre dont les rameaux formeraient des racines, et qui ne mourrait jamais; ou bien encore un monde habité par une race ignorant tout besoin quelconque, vivant de la chaleur du soleil.

Même des planètes comportant un état de choses en dehors de tout ce que notre cerveau peut imaginer.

*
* *

Mars subit, parfois, des changements dans sa carcasse géographique; ses mers changent de place, d'étendue ; ce qu'on appelle ses canaux se dédoublent. Il y a là un mouvement que nous ne pouvons nous expliquer parce qu'il ne correspond pas à cette organisation terrrienne qui nous sert, à l'heure présente, d'unique moyen d'observation.

*
* *

Chercher ce qui se passe là haut par une comparaison avec ce qui se passe ici-bas, c'est employer un mauvais système.

Depuis cent ans, l'effort de la Science tend à prouver ce que l'étude astronomique démontre en une heure : la molécule composant la Matière est la même toujours et partout, et cette molécule contient, en principe, toutes les forces : chaleur, lumière, attraction.

Mais le développement de cette Matière sous l'action de l'Esprit donne lieu, sur Terre, à des états si différents, si illogiques, que les savants, déjà incapables d'établir les lois terriennes, ne risquent guère de connaître la vie de globes qui ne ressemblent pas au leur.

Assurément, sur les autres planètes, la transformation des molécules ne rappelle en rien celle à laquelle nous assistons, puisque le premier état de la matière cosmique est fort différent pour chaque monde, et, que sur les planètes supérieures, l'Esprit n'a pas eu besoin de compliquer à l'excès les agglomérations de molécules, comme il a dû faire ici-bas où il était gêné par l'agitation des ondes solaires,

La densité, la durée, la grosseur, la route, la chaleur de ces planètes n'étant pas les mêmes que celles de la Terre, elles ne lui ressemblent évidemment pas.

L'Esprit les anime dans un ordre de choses dont nos déductions les plus habiles ne nous donnent aucune idée.

**

Il se peut que Jupiter, par exemple, soit une planète en formation encore très molle, baignée de vapeur, avec de rares terres émergeant de la surface liquide et, que, malgré cela, ce monde soit déjà habité par des êtres très supérieurs à nous, vivant fort bien dans un milieu où mourrait un animal rappelant l'homme.

De ce qu'il a fallu trois ou quatre transformations de la Terre pour que l'Esprit put y animer des habitants un peu supérieurs aux bêtes préhistoriques, il ne s'en suit pas que le développement des autres astres doive comporter une série analogue.

Ce qui manquait aux ichthyosaures d'avant le déluge, c'était l'intelligence et non les moyens de l'appliquer.

**

Il ne serait pas impossible non plus que les habitants de certaines planètes vivent autant qu'elles ; que les êtres, créés dès que l'Esprit a pu y introduire la vie, ne meurent qu'avec ces planètes, soit en se transformant, soit en n'ayant pas besoin de se transformer.

Sur notre globe, les minéraux vivent, d'une vie monotone et simple relativement à la nôtre, mais ils ressentent la chaleur, la lumière, le magnétisme.

Sur les planètes géantes, cette vie des minéraux peut-être plus active, et les sujets durer jusqu'à la mort de l'astre.

A moins qu'il n'y ait ni minéraux, ni végétaux, ni animaux, que ces trois règnes soient remplacés par un seul les résumant tous trois ; — ou encore qu'il y ait une façon d'existence dont notre imagination ne peut se rendre compte.

La science des astres est toute nouvelle. Lorsque l'effort intellectuel, débarrassé des entraves religieuses, politiques et sociales, se portera vers elle, il donnera des résultats sérieux.

Pourtant, l'intelligence humaine est si faible, ses moyens d'action si restreints, qu'on a peu de chances d'entrevoir suffisamment ces mondes vers lesquels nous allons.

On devra, sans doute, se contenter d'envoyer vers eux des prières qui y joueront un rôle dont nous ne saurons jamais rien de précis.

On observera la portion de l'Esprit individualisé par notre cerveau à son départ d'ici-bas.

Soit en mettant une boussole spéciale sur la ligne qui relie le cerveau à Mars ou à Jupiter ; soit en plaçant, sur cette ligne, le cerveau d'un autre homme, dans l'obscurité ou assez loin du premier pour qu'il ne soit pas troublé par d'autres ondes ; soit en se servant de l'électricité pour reconnaître le magnétisme, soit par une méthode à découvrir, on obtiendra la certitude que notre fluide, à certains moments, passe sur les astres supérieurs.

Lorsqu'un homme dont le cerveau envoie son fluide d'une façon anormale fait agir, par une simple tension de sa volonté, un autre homme marchant devant lui et ne soupçonnant même pas qu'il est suivi ; lorsqu'un magnétiseur exerce, à distance, son influence sur un magnétisé, il y a entre eux un lien, un fil, invisible mais indiscutable, reliant les deux cerveaux.

On pourra peut-être, en étudiant ce fluide sur sa route, en en constatant le passage, découvrir le procédé pour suivre le fluide normal, la prière, l'élan, l'âme, l'Esprit individualisé par la Matière, sur sa route normale.

Ces cieux, sur lesquels revivent les mystiques, doivent être supérieurs à notre Terre, supérieurs à un point que tout ce qu'on nous raconte des Paradis réservés aux dévots est grotesque à côté d'eux

La différence prodigieuse entre la grosseur, la durée de notre misérable planète et celle de mondes comme Jupiter ou Saturne, suffit à autoriser une espérance enivrante, car déjà on a, ici-bas, la notion de splendeurs devant lesquelles reste confondue notre pauvre Humanité.

Notre humble Terre offre, à certains endroits et à certaines heures, des spectacles inoubliables.

Que sont, alors, les merveilles de ces globes immenses, baignés dans les espaces calmes, vivant peut-être des millions d'années et, peut-être, obéissant à une loi de progrès qui porte jusqu'à la perfection la beauté, le bien-être et le bonheur!

Il faut l'espérer, la pensée humaine ne sera pas toujours retenue par le tableau des Paradis piteux inventés par des ignorants et des fanatiques, ou dévoyée et écrasée par les railleries positivistes.

On finira par oser regarder une photographie du ciel!

Ce jour-là, on tressaillera à l'idée de ce que nous réservent les mondes radieux vers lesquels nos bras se tendent, d'instinct.

Une chose est certaine : ils ne ressemblent pas à la Terre.

Même en n'admettant pas que l'Esprit soit gêné

par les ondes des molécules, en acceptant les données banales des matérialistes, il y aurait des planètes où l'existence serait bien plus agréable que sur le nôtre.

Ce serait une malechance déplorable d'être tombé sur notre machine si cruelle.

Mais il suffit d'accueillir les déductions logiques des faits, pour comprendre que les planètes infimes, comme la Terre, sont une malheureuse exception.

Evidemment Ce qui Est est trop beau, trop immense, pour produire, autrement que comme une bavochure sacrifiée dans la création des Mondes, un globe aussi mal établi, aussi injuste que le nôtre !

*
* *

Une leçon d'astronomie est la critique la plus féroce des institutions humaines.

Lorsque cette science formera le fond des études, le principe de l'enseignement, les hommes, éblouis, refuseront de laisser encore exploiter leur ignorance et leur vanité. Ils n'accepteront plus les attitudes insolentes de prêtres se disant représentants d'un Créateur dont nul ne peut se faire la moindre idée, ni l'odieux bernage des penseurs matérialistes qui donnent pour base à l'édifice scientifique la lamentable raison humaine.

*
* *

Même, ce qui est tout à fait extraordinaire, c'est

que les certitudes astronomiques, les vérités visibles, tangibles, indiscutables, comme l'attraction des astres, la route, la densité et la grosseur des planètes, la naissance et la vie de l'infinité de ces planètes tournant autour de l'infinité des étoiles, n'aient pas déjà eu plus d'influence sur la foi et sur l'instruction.

Voici bien longtemps que ces vérités sont démontrées, et, sur dix mille Terriens, il en est trois ou quatre pour admettre que les astres sont, peut-être, habités, qu'il pourrait y avoir autre chose que la Terre.

Les plus audacieux écrivains ont de la peine à supposer, sur des boules sorties du soleil qui nous a engendrés, des êtres aussi remarquables que nous !

Il faut que le cerveau humain se ressente encore d'avoir été enserré par les griffes des sectaires de toute sorte : pasteurs, francs-maçons, jésuites ou athées, pour douter une minute de ceci : la Terre et ses habitants tiennent un des plus infimes rangs, sont tout au bas de l'échelle, à peine sur la lisière des pays où la matière stupide ne règne pas en souveraine.

S'imaginer que les milliards de mondes, cent fois, mille fois plus gros que le nôtre, plus éloignés des ondes perturbatrices du Soleil, en plein épanouissement de la vie, sont faits pour des êtres aussi misérables que nous, est contraire au plus vulgaire bon sens.

Ces globes merveilleux doivent servir de décor à des existences merveilleuses.

Des terres comme Jupiter ou Neptune, où les années sont des siècles, et qu'un homme mettrait dix mille ans à parcourir, fournissent évidemment d'autres produits que notre race en proie aux bas instincts, méchante, hypocrite, d'une vanité grotesque.

**

Certes oui, ces millions d'astres sont habités, et par des êtres autrement intelligents et autrement heureux que nous !

Et si l'homme devait demeurer tout entier, toujours, sur son grain de boue, il aurait le droit de se plaindre de cette malechance qui le condamne à vivre dans un milieu où la souffrance sous toutes ses formes est le lot des meilleurs, où l'on connaît le désir du Bien et du Juste, et où l'on ignore la joie de l'assouvir !

Autant vivre, alors, sur Vénus ou Mercure. Au moins on lutterait avec les bêtes de proie dont on ferait partie, sans espérer de revanche à sa défaite, une amélioration à cette existence !

Cela vaudrait bien le sort des vaincus de notre lutte sociale, au cas où leurs élans vers l'idéal et leurs rêves vengeurs seraient d'ironiques mensonges !

**

Une des dernières preuves de la résistance, sur Terre, de la Matière à la puissance de l'Esprit, est dans la difficulté que celui-ci rencontre en elle pour la transformer en être intelligent.

Du minéral inerte à l'homme, il y a une suite non interrompue d'états de la Matière, et on peut suivre le travail nécessaire à l'Esprit pour les animer, les élever.

La fleur est déjà compliquée ; l'insecte a besoin, pour vivre, d'un ensemble d'organes très fragiles ; les grands animaux sont des machines à mille rouages ; l'homme, appelé à quitter la Terre, paie cette faveur par des souffrances morales s'ajoutant aux tortures d'innombrables maladies.

Et encore le cerveau est toujours si délicat que l'Esprit est obligé de l'entourer d'une épaisse boîte crânienne.

**

D'ailleurs, cette précaution ne suffit pas à assurer le fonctionnement régulier d'un organe sans consistance, trop complexe, trop péniblement créé.

La transmission du fluide ne s'opère pas toujours normalement, surtout chez les femmes, dont le corps est moins équilibré que celui des hommes.

L'Esprit est actionné, par certains cerveaux mal

construits, en dehors des conditions ordinaires ; cela produit ces cas de folie mystique, d'hystérie religieuse, d'extériorisation de la vie, de déplacement de la sensibilité, auxquels la science ne comprendra jamais rien si elle n'admet pas que la Matière impressionne l'Esprit et l'oblige, par conséquent, à subir ses détraquements comme ses lois normales.

*
* *

Parfois aussi, certains cerveaux, par un effort anormal, envoient le fluide vers un homme ou un objet ; la transmission, sur terre, de la volonté, de l'Esprit individualisé par le corps, est un phénomène indiscutable.

On cite même des exemples de transmission de la pensée à d'énormes distances.

Des fils ont appris par une secousse magnétique, à l'instant précis, la mort de leur père demeurant à des centaines de lieues, et dont le cerveau, au moment suprême, envoyait un peu de fluide vers l'enfant chéri.

Ce n'est, du reste, pas plus surprenant, la distance n'existant pas pour la force intermoléculaire.

Mais ce sont là des cas fort rares ; la règle est que le fluide suit le fil qui relie notre globe aux autres, en s'éloignant du Soleil.

*
* *

Sans nul doute, sur les planètes supérieures, les

habitants n'ont pas la conformation à la fois sensible et grossière des Terriens.

Les phénomènes magnétiques, pour nous extraordinaires, prodigieux, doivent y être la règle générale. On n'est plus obligé d'employer un instrument aussi ingrat que le gosier pour l'échange des idées. Entre chaque vivant s'établit un courant de pensées qui empêche l'odieuse hypocrisie des humains, et permet de fonder la société sur la valeur véritable des êtres.

L'homme est indiscutablement d'essence inférieure, empêtré dans la fange. Son orgueil doit faire la joie des habitants qui s'amusent à le regarder du haut de leurs terres splendides.

Encore faut-il répéter que très peu d'hommes revivent dans d'autres mondes.

D'abord, la quantité de ceux qui ne prient pas, qui n'élèvent jamais leur âme au-dessus de la basse réalité, est énorme.

Pour les quatre cinquièmes des Terriens, la vie se traîne dans les commérages, les bas trafics, les ambitions vulgaires, le travail pour le pain, et la lutte pour l'assouvissement de la vanité.

Des vilains vices, des défauts mesquins, des qualités négatives. Pour toute élévation, de lointaines souvenances de l'époque où l'on allait à l'église, un vague respect craintif du surnaturel.

Assurément l'Esprit ne trouve pas dans ces cerveaux une pensée à porter vers le ciel voisin.

De plus, beaucoup de prières sont les manifestations d'un état dans lequel l'attraction de l'Esprit n'entre pour rien.

Egrener des oraisons dont on ne comprend pas le sens, s'astreindre à une règle monastique, étudier la théologie, n'impliquent pas une survie obligatoire. Sans cela les planètes clémentes seraient peuplées de religieux, et l'accès en serait refusé aux hommes de bonne volonté qui n'admettent pas de culte extérieur.

Il est, au contraire, fort peu d'appelés parmi les hommes qui font leur carrière de la religion. Les servitudes du cloître, le célibat absolu, gênent le développement du cerveau.

La force intermoléculaire ne doit pas emporter des élans factices.

Le paysan qui lève, vers la voûte bleue, son œil suppliant, envoie, par les fils qui le relient à Mars ou à Jupiter, plus facilement son fluide, que le reclus victime d'une erreur de son éducation.

*
* *

Cette transmission de notre individualité varie de puissance et de durée avec les cerveaux qui servent de point de départ à cette électricité. Les hommes sont trop dissemblables entre eux, et se ressemblent trop peu à eux-mêmes suivant les circonstances, pour qu'une règle commune soit admissible.

**

Cependant, il y a autant de différence entre l'homme qui revit sur Mars ou sur Jupiter et celui qui demeure en entier ici-bas, qu'entre un vivant et un mort.

Avoir une âme n'est pas le privilège de chaque homme : les trois quarts n'en possèdent pas.

Cette affirmation semble contraire à la plus élémentaire science, parce qu'on a toujours entendu dire, ou bien que tous seraient jugés par Dieu, ou bien que tous mourraient entièrement.

Elle est pourtant conforme à la constatation de la réalité.

Il est certain, il est évident, que beaucoup d'hommes n'ont jamais une pensée s'élevant au-dessus des misérables occupations terrestres, pris absolument par les trafics, les finasseries, les jalousies et les vanités courantes, sans connaître une fois dans leur vie la moindre aspiration vers un idéal de Beau et de Bien. Le cerveau de ces êtres ne produit pas ce fluide que l'Esprit emporte vers des globes supérieurs, puisqu'ils ne vibrent jamais aux appels de ces globes. Ils ne peuvent donc pas y renaître.

Et il est aussi certain, aussi évident, que d'autres

hommes nés dans les mêmes milieux, élevés de la même façon, sont attirés, appelés par un monde différent du nôtre, où règnent des vertus et des lois que le nôtre ignore.

De leurs cerveaux se dégage un fluide, comme l'électricité sort d'une pile, et ce fluide va vers les planètes où se trouve ce qui l'attire, ce qui cause à l'âme les sensations éprouvées.

*
* *

La Terre doit être le seul globe de notre système, qui, par sa situation dans les ondes solaires, assiste à cette lutte constante entre l'Esprit et la Matière, car sur les mondes supérieurs où est assouvi notre besoin de Justice, où tout concourt à l'harmonie du Beau, il est impossible que chacun n'obéisse pas à une direction générale.

Or, il n'y a pas, chez nous, de force imposant sa volonté. L'humanité est cahotée entre mille attractions diverses ; elle ne sait où elle va, ni où elle devrait aller !

Le Bien n'est pas le Beau, le Beau n'est pas le Vrai.

Des hommes fort intelligents ont des vices affreux, commettent des crimes ; les bandits ont leurs heures de dévouement, de charité.

La morale varie suivant les latitudes, les époques, la mode.

Tout est détraqué, illogique.

※

Ce manque de règle, de but, cette incohérence, ne s'expliquent que par la difficulté d'action, ici-bas, de la Force Juste sur la Force Brute.

Sur les planètes inférieures la lutte n'a pas commencé ; sur les autres, l'Esprit rallie tous les êtres vers un idéal d'équité ; sur la Terre, une petite fraction d'une race répond seule à l'appel des Cieux réparateurs ; la masse demeure la proie de la Matière.

※

Cette survie exclusivement réservée à certaines âmes choisies, fut devinée par le Christ lorsqu'il dicta cette phrase recueillie par saint Jean et qui, en contradiction avec le reste de la doctrine chrétienne, renferme le germe de la science de demain :

Qui credit in me, étiam mortuus fuerit, vivet.

« Celui qui croit en moi, même s'il est mort, vivra. »

En effet, ceux-là seuls revivent, qui croient et prient.

※

Lorsqu'on connaîtra l'autre bout du fil, quand la science nous aura mis en relation avec Mars, nous saurons peut-être qui reçoit, là-haut, cette poussée de nos âmes, quelle quantité de fluide envoie chacun des élus, et combien de temps nous demeurerons sur le globe voisin avant de gravir une autre marche.

Les ignorants seuls s'étonneront de la possibilité de débrouiller si loin les idées transmises, se diront que toutes les pensées doivent se mêler dans le flot attiré par la planète voisine.

Cette facilité de reconnaître, au point d'arrivée, les moindres mouvements du point de départ, est le plus commun des faits.

Notre oreille débrouille les milliers d'ondes produites par un orchestre. L'œil débrouille les milliards d'ondes fournies par ce qu'on regarde.

Chaque point d'une muraille, d'un paysage, est un foyer de vibrations. Du ciel, chaque étoile laisse tomber sa lumière, la mêlant à la lumière voisine ; tout cela se débrouille sur la rétine avec sa perspective et sa valeur.

Pourquoi les pensées se confondraient-elles plus que les molécules entre lesquelles elles passent ?

On peut admettre qu'on échangera bientôt des signaux avec Mars, ou qu'on verra assez bien le pays pour se rendre compte des conditions de notre incarnation.

Les grosses plaisanteries sur la folie de communiquer avec les planètes n'ont aucune portée ; ce sont les mêmes qu'on faisait aux savants d'il y a 80 ans, annonçant qu'on communiquerait en deux secondes avec les antipodes.

Des perfectionnements de l'œil photographique ou de l'art d'agrandir les clichés, une nouvelle construction du télescope, un appareil vibrant sous la puissance attractive des planètes, une de ces découvertes qui révolutionnent la Terre, et dont il y a dix exemples, peuvent nous amener à retrouver, sur Mars ou Jupiter, les êtres dans lesquels, ou autour desquels, s'envole notre âme.

**

Sous quelle forme revivons-nous ? Est-ce en conservant notre complète individualité ? Revivons-nous dans un corps animé par nous, ou bien notre prière, notre âme, se mêlent-elles à d'autres âmes ?

Ces questions semblent étranges. Ce sont pourtant celles que chacun se posera bientôt.

Car c'est bien là-haut, et par le fil nous reliant aux planètes que nous revivons, et non ailleurs, et non autrement.

C'est ainsi ou ce n'est pas du tout.

C'est cela ou rien.

**

Il n'y a même pas à discuter cette résurrection qui placerait, dans le Paradis, et pour l'éternité, les hommes avec leurs corps terrestres.

Les 70 kilogrammes d'azote, de carbone, de phosphore et d'oxigène dont se compose le corps humain changent si souvent de forme, ont été tant de végétaux et d'animaux avant de former l'homme, et deviennent ensuite tant d'animaux et de végétaux, passent par tant d'états, qu'il est puéril d'essayer même de suivre leur première décomposition.

Cette idée de revivre tels que nous étions au moment le plus brillant de notre existence, alors que la chimie nous montre la transformation de notre chair, alors qu'à la fin de la Terre, ce qui fut notre corps aura composé des milliers de corps de toute espèce, est la plus extravagante conception de la vanité humaine.

On se demande comment elle a pu venir à des survivants qui assistaient à la décomposition totale du mort, de ce mort qu'ils comptaient retrouver tel qu'à 30 ans.

Notre corps restera toujours attaché à la Terre : il fait partie des milliards de kilogrammes qu'elle pèse.

*
* *

Certains cerveaux habitués à l'espoir d'un bonheur absolu, désireraient un avenir plus compréhensible, des joies plus immédiates.

La vision, même toute cérébrale, d'un Paradis où il existera tout entier, bercé enfin dans une immuable quiétude, paraît, au croyant, préférable à l'idée d'une vie dans une planète à peine entrevue, dont il sait fort peu de choses, qu'il habitera sous une forme inconnue de lui, ne gardant de son individualité que ses bons instincts, alors que ses vices lui sont souvent plus chers et plus agréables que ses vertus.

Pourtant, s'acharner après un avenir qui n'existe certainement pas, refuser de regarder le monde où l'on vivra, où l'on vit, semble une gageure contre le bon sens.

On peut bien s'amuser une heure à échaffauder des rêves, à créer des pays qui disparaissent aux premiers rayons du sens commun, mais établir sa vie sur ces rêves, s'accrocher à une vision fugitive, est une niaiserie.

Lorsqu'il s'agit d'une chose aussi grave que la survie, il faut regarder droit et accepter ce qui est, ce qui est fut-il autre chose que ce que l'on désire.

*
* *

La Matière est encore si puissante au point où nous sommes placés dans les rayons du Soleil, qu'à peine si l'Esprit a pu mettre sur Terre une lueur d'intelligence pendant un éclair de temps.

On s'imaginait, on s'imagine encore, que le règne de l'homme est l'histoire de la Terre.

C'est ainsi que beaucoup de savants, après Laplace, ont donné et prédit plusieurs millions d'années d'existence à l'humanité.

Or, il y a 7 mille ans, au plus, que le premier homme sortit de la boue du déluge, et, dans 6 mille ans, le dernier grelottera sur les glaces de l'équateur

D'après les documents laissés par nos ancêtres vivant 500 ans avant Jésus-Christ, la moyenne du thermomètre a baissé de 15 à 20 degrés depuis cette époque.

Les costumes, les habitations, les mœurs décrits minutieusement dans les livres classiques, donnent là dessus des renseignements irréfutables.

Les peintres des poteries étrusques ont représenté les scènes de la vie ordinaire de cette époque : ils n'indiquent jamais une trace de froid. Maintenant, il gèle chaque année aux environs de Florence.

Les Grecs, les premiers Romains vivaient au grand air, presque nus, toujours. Et non pas des barbares : des sybarites dont une feuille de rose gênait le sommeil.

Le Groënland, il y a mille ans, était un pays vert : c'est un bloc de glace.

On citerait vingt exemples semblables.

On suit, d'ailleurs, dans la façon de se vêtir et de bâtir les maisons, le progrès du froid.

Quinze degrés en 2.500 ans font 30 en 5.000. La Terre, il y a 6 ou 7.000 ans, était juste habitable dans les pays à conditions atmosphériques particulières.

Elle se refroidit à peu près régulièrement ; dans six mille ans elle sera donc inhabitable pour nous.

Pour les premiers hommes, l'été, dans certains pays, devait être terrible.

Peu nombreux, ils vivaient, sans doute, dans les

vallées à courants d'air constants, dans les bois, comme le font, de nos jours, les noirs du centre de l'Afrique. Ils allaient nus, logeaient sur les lacs.

Les archéologues qui prétendent découvrir des traces humaines au delà de 50 siècles avant le Christ sont victimes de leur imagination bien connue.

A cette époque l'homme n'eut pu vivre : il ne vivait pas.

Dans 6.000 ans il ne vivra plus.

L'humanité est née d'hier, elle mourra demain. Son passage est un incident de l'histoire de notre planète.

*
* *

Laplace combattit cette constatation par le raisonnement suivant :

« Si la Terre se refroidissait, sa croûte augmen-
« terait et, par conséquent, le globe, devenant plus
« dense, tournerait plus vite. D'où, des jours plus
« courts et, — la lune inerte continuant sa même
« révolution, — des mois plus longs, ce qui n'est
« pas ».

C'était encore la théorie de la vie de la Terre encadrant la vie de l'homme ; elle ne résiste pas à la réflexion.

La matière cosmique en fusion, le Soleil, la Terre à sa sortie des flancs du Soleil, possèdent 120.000 degrés de chaleur, chiffre, bien entendu, très approximatif.

Sur les globes morts, comme la Lune, il y a 50.000 ou 60.000 degrés de froid.

Sur cette échelle de 180.000 degrés, que sont les quelques degrés entre lesquels peut vivre l'homme?

Un temps qui ne saurait compter dans la transformation de la planète.

La croûte terrestre n'a pu varier d'une façon appréciable durant un intervalle aussi court, — d'autant que les observations ne comprennent que 20 degrés de différence.

Quand la Terre sera assez refroidie pour que, sa croûte augmentant, les jours soient sensiblement plus courts, l'homme aura disparu depuis longtemps.

**

L'augmentation de la croûte intérieure est un phénomène cosmique, par conséquent très long et très lent ; un manteau de glace couvrant le sol et rendant la vie impossible à l'homme, est un cas météorologique, sans influence sur le premier.

Chaque hiver un tiers de la Terre est rendu impraticable par la neige et la glace, pour devenir agréable en été. Quelle influence cela a-t-il sur la longueur des mois?

La partie visible de notre globe se transforme très vite ; l'homme y a demeuré depuis les premiers jours qui suivirent le dernier bouleversement.

Les pôles étaient déjà habitables pour lui que, sous l'équateur, l'eau bouillait à midi.

L'humanité n'occupera pas la centième partie de l'histoire de notre planète. Seulement, son règne aura marqué le moment où les ondes solaires sont devenues assez calmes pour laisser l'Esprit éclairer d'un rayon d'espoir le produit d'un monde jusqu'alors étreint en entier par la Matière.

S'il n'en était pas ainsi, s'il n'avait pas fallu l'abaissement de température causé par la gestation de Mercure pour diminuer la vigueur des ondes et faire la Terre accessible aux bienfaits de l'Esprit, les habitants d'avant la dernière commotion eussent fourni une race aussi intelligente que la nôtre. Et les montagnes qui nous ont gardé des ossements d'animaux fantastiques, nous révéleraient des vestiges d'œuvres d'art, tout au moins de civilisation. Il y avait alors assez de pierres pour élever des palais, et assez d'arbres pour construire des navires.

Les premiers hommes sont sortis de la fermentation d'après le déluge dès que l'eau qui, à un moment, passa sur le globe, commença à se retirer.

Ils furent formés tout de suite pareils à leurs descendants.

En voici une preuve.

La plus ancienne tradition, celle qu'on retrouve au début des religions, dit que l'état de choses actuel a suivi un cataclisme produit par la submersion de la Terre.

Bien entendu, lorsque cette tradition s'est fondée, il n'était question ni de géologie, ni de paléontologie.

Les fils répétaient seulement ce que leur avaient raconté leurs parents.

Or, si l'homme était venu longtemps après le déluge, et par voie de transformation, lorsque la Terre fut comme elle est à présent, qui lui eut donné cette idée, lui eut fait affirmer une inondation générale ?

L'histoire de la barque de Noë n'a aucune valeur. Tout a disparu, un moment, sous le flot; aucun être capable de donner la description de ce phénomène n'a survécu à la révolution.

Ce qui s'est passé est fort simple.

Après avoir couvert tout le globe, la mer prit son niveau actuel, peu à peu, lentement. Elle mit longtemps à s'écouler des plateaux ou à sécher au soleil.

Les premiers habitants intelligents expliquèrent, par gestes peut-être, à leurs fils, qu'ils avaient vu les grands lacs à un niveau plus élevé. Les fils dirent à leurs enfants :

— La nappe d'eau des vallées venait jusqu'ici quand j'étais jeune, et mon père l'a vue jusque là !

Et ainsi de suite. Sans compter qu'on dut trouver

durant des années, sur les cimes, des débris laissés par les immenses vagues.

D'où cette tradition d'un déluge, d'une nappe liquide couvrant la Terre et se retirant pour laisser place à ce qui existe ; tradition certainement verbale, non fondée sur les découvertes des savants, et démontrant que les premiers couples humains furent animés par l'Esprit dès qu'il eut prise sur le globe refroidi.

*

Les grandes baisses cosmiques de chaleur solaire apportent seules des changements importants aux mondes.

Les animaux pas plus que les hommes ne se sont transformés depuis leurs grands ancêtres.

Les molécules suivent un ordre régulier, s'ajoutent les unes aux autres selon des lois très peu variables, et à peine si la température atmosphérique a quelque action sur la couleur des tissus ou la grosseur des espèces.

Le singe ressemble à l'homme parce que les molécules qui ont formé le premier couple de singes et, avec eux, tous les singes, se sont combinées dans une proportion, suivant une formule à peu près pareilles à celles qui ont produit le premier couple humain, et avec lui tous les humains.

Les deux races n'ont aucun lien de parenté.

Il existe un coléoptère orné d'une corne placée comme celle du rhinocéros ; elle ne lui est pas venue pour lui donner le moyen de se défendre ; seulement les molécules qui ont produit le premier de ces coléoptères se sont développées, sur la tête de l'insecte, suivant la formule qui a guidé la corne du premier rhinocéros.

*
* *

Végétaux, insectes, grands fauves, vermisseaux, oiseaux ou poissons, ressemblent toujours à ce que sont leurs premiers aïeux lorsqu'ils fondent l'état de choses qui va d'un bouleversement à un autre.

A chaque commotion du système solaire correspond un état différent, parce que la puissance des ondes solaires varie à ces moments-là, et que la Force intelligente et juste, la Force intermoléculaire, étant moins gênée par des ondes moins serrées, a plus de prise sur la Matière, son éternelle ennemie.

Au cas, très improbable, où il sortirait une nouvelle planète du soleil, la Terre serait de nouveau secouée et bouleversée. Les animaux qui naîtraient ensuite seraient différents de ceux d'aujourd'hui, puisque la température du soleil se serait abaissée encore. Et parmi ces animaux, il s'en trouverait de plus intelligents que nous, — ce qui ne serait, d'ailleurs, pas beaucoup dire.

Sinon, la Terre, pendant 50 ou 60 siècles, roulera encore la perpétuelle misère de ses habitants, qui finiront par comprendre leur atroce malechance d'être nés, alors qu'il existe une infinité de mondes merveilleux, sur un grain de poussière aussi piteux et aussi cruel que le leur.

*
* *

La Terre est une planète infime, placée sur les confins des pays habitables. La vie intelligente et juste y est à peine révélée à l'état de vision vague, durant très peu de temps.

Nous commençons à pressentir le bonheur réservé aux élus des planètes supérieures, et qui va en augmentant jusqu'aux limites du royaume solaire.

*
* *

Ce qui empêche les hommes d'admettre facilement des vérités comme celle-ci, qui sont très simples, appuyées sur des faits indiscutables, c'est que les plus intelligents d'entre eux, ceux dont l'autorité entraîne la masse, ont, presque tous, le cerveau épris de métaphysique, l'esprit philosophique. Ils se plaisent à discuter sur ce qui n'existe pas, à échaffauder des systèmes sans s'occuper du point d'appui.

C'est une des caractéristiques de l'effort humain, et l'unique raison de l'extrême lenteur des découvertes. Le penseur est attiré par les mots compliqués et vagues, par les théories alambiquées et incohérentes.

Durant des siècles, les pères de l'Eglise ont disserté pour savoir si le Saint-Esprit était semblable ou identique à Dieu le père, sans jamais se demander si le Saint-Esprit existait, s'il était possible qu'il existât.

C'étaient pourtant des hommes remarquables, mais ils se croyaient obligés de mêler aux questions d'ordre religieux les inventions les plus extravagantes.

La science autant que la religion repose sur des données contraires à la constatation de faits brutaux.

Rien n'est plus rare que le bon sens dans l'étude des grandes questions.

**

Laplace a écrit dix pages d'algèbre transcendante pour prouver que la Terre ne se refroidit pas. Il aurait pu en écrire cinquante ou deux cents, plus transcendantes encore, sans ajouter la moindre valeur à son argument.

Parce qu'un berger de 15 ans devant qui on mettrait des tableaux représentant la vie ordinaire d'il y a 2.000 ans et la vie ordinaire d'aujourd'hui, dans les mêmes lieux, dirait tout de suite :

« Ceux-là avaient toujours chaud et ceux-ci ont souvent froid. Il y a entre ces deux existences la différence qu'il y a entre l'été et l'hiver ».

Et si vous lui disiez qu'on prouve le contraire avec des chiffres ou des cailloux, il se moquerait de vous, de vos cailloux et de vos chiffres !

Un raisonnement ou une équation n'ont de portée que s'ils ne vont pas à l'encontre d'une évidence, sans cela on peut ne pas deviner comment le raisonneur et le savant se trompent, mais on peut assurer qu'ils se sont trompés.

*
* *

Les premiers hommes sont nés pareils à nous.

La fonction ne crée pas l'organe, elle le développe un peu, et ce développement se transmet mal et rarement.

Dans la pourriture qui suivit le déluge, l'Esprit a animé des milliers d'espèces qui forment, naturellement, une suite ininterrompue d'états allant de la roche inerte à l'homme. Cela n'implique pas du tout la transformation de ces espèces.

De ce qu'il y a sur le clavier d'un piano un ut, un ré, un mi, un fa, il ne s'ensuit pas que l'ut soit devenu un ré, le ré un mi, le mi un fa.

Il en est de même pour le surnaturel. Il est évident que dans le tourbillon des astres, l'habitant d'un globe ne le quitte que pour un autre globe.

En prenant un grain de sable à dix pieds, dans la grève, on comprend qu'il est lié par sa naissance, sa vie, sa fin, aux autres grains de sable, et qu'inventer un Paradis spécial pour ce grain, exiger quelque chose en plus que l'Infini, est une fantaisie d'ignorant ou de fou.

*
* *

En proclamant : « Dieu fait bien ce qu'il fait », on nie ce qui saute aux yeux.

Au contraire, la Terre est très mal ordonnée, et très péniblement. Tout y est mal d'aplomb, raté, pitoyable, avec le perpétuel avortement des plus légitimes espérances.

Un homme produit des milliers d'enfants, sa femelle en produit 3, en moyenne. Certains poissons font 30.000 œufs pour une dizaine de petits.

Le cerveau humain n'atteint son apogée que lorsque le corps décline depuis longtemps. A 40 ans il n'a pas donné son maximum, il est très jeune, et depuis dix ans le corps s'affaiblit, s'enlaidit, vieillit.

Les meilleurs volontés se brisent contre des obstacles stupides ; la maladie et la misère sont le lot des natures dévouées et nobles ; la beauté et l'intelligence sont fort rares.

Partout l'incohérence, l'effort impuissant de l'Esprit juste contre la Matière implacable.

Dans les grands mouvements qui suivent les changements d'équilibre des astres, l'Esprit anime des milliers d'êtres portant en eux le germe de toutes les générations futures.

Sur notre Terre, le développement de ces races subit des fusions, des arrêts, sans qu'une loi générale le guide : l'Esprit ne pourra faire mieux avec la Matière qu'au prochain changement de l'état moléculaire.

Moins gêné que lors des premières commotions,

après notre déluge il a animé des hommes dont le cerveau donne des pensées dignes des mondes supérieurs, mais il ne parvint pas à élever certaines espèces, à les achever. De là ces oiseaux à ailes trop faibles, ces animaux mal construits pour la lutte, ces races mal venues, ayant tant de mal à vivre.

Mais tous les êtres, sauf deux ou trois espèces qui ont traversé le cataclysme et ont pu supporter la différence de température, sont de la dernière création, du dernier effort de l'Esprit sur la Matière, effort d'où sortit l'homme en même temps que le reste, et qui remonte à 7.000 ans au plus.

Notre planète n'a rien gagné depuis qu'on connaît son histoire, et ses habitants sont, à peu près, les mêmes.

Les Nations se forment et se disloquent, la guerre change de moyens, l'exploitation du faible par le fort change de nom, la civilisation se déplace : l'ensemble est toujours déplorable.

Les savants, subissant malgré eux l'empreinte théologique, enseignent que les mouvements terriens obéissent à des règles. Ils inventent même ces règles, fausses et vagues, et on les accepte, car c'est une caractéristique de l'homme d'aller vers ce qui est faux, alambiqué, vers ce qu'il ne comprend pas.

Le jour où les penseurs voudront ouvrir les yeux, ils seront stupéfaits de voir que les raisonnements entassés ne résistent pas à un souffle d'évidence.

*
* *

Le système Darwinien attribue le progrès à une sélection naturelle, le plus fort s'imposant au plus faible.

Or il n'y a eu, depuis le déluge, dans les croisements, ni progrès ni sélection.

Certes, on assiste à une transformation constante de toutes choses, les amas de molécules changeant constamment, puisque le globe de feu devient boule de glace.

Dans une mesure, très restreinte d'ailleurs, et qui ne touche en rien au principe de la résistance de la Matière, ce qui existe se reproduit, s'entr'aide, se dévore.

Aucune loi générale ne régit ces transformations; elles sont dues aux hasards de la lutte entre l'Esprit et la Matière.

L'homme fait partie de ce hasard.

Par ses soins, certaines espèces se croisent, comme elles se seraient croisées si une autre cause les eut réunies; il peut ainsi, pour quelque temps, diriger les combinaisons de molécules vers un état qu'il croit supérieur. Mais il n'y a là aucune poussée régulière vers un but.

Il n'y a rien autre, ici bas, que la lutte entre les deux forces.

***

Il en est de même pour les théories positivistes.

Les disciples d'Auguste Comte voient une loi d'harmonie et de progrès dans une règle qui ferait passer les sociétés par des phases religieuses, philosophiques et scientifiques.

On connaît l'histoire d'une trentaine de peuples, et on n'y suit nulle part un pareil développement de la vie sociale.

D'abord, toutes les nations ayant leur apogée et leur déclin, ce ne serait pas un progrès d'arriver à la phase scientifique, puisqu'elle amènerait la décadence ; en ce cas mieux vaudrait s'en tenir à la religion.

Mais aucune loi de ce genre ne ressort de l'histoire de notre planète.

***

En France et dans quelques pays d'Europe, il y a bien eu un moyen-âge religieux, puis une agitation des philosophes, à laquelle semble succéder un mouvement scientifique.

Cela prouve simplement qu'après la débâcle des religions, les désillusionnés ont cherché une revanche dans la philosophie, et celle-ci n'ayant rien produit de bon, on a espéré en une science qui est en train de faire faillite comme le reste, — car on ne saurait saluer des découvertes qui n'améliorent en rien les conditions terriennes, au contraire, fournissent de nouvelles armes pour la bataille sociale.

Parler d'une loi d'harmonie sur un globe où tous les êtres vivants se font la guerre, aussi enragés qu'au premier jour, c'est peut-être de la littérature, ce n'est sûrement pas de la vérité.

*
* *

Ce qu'on peut dire, c'est qu'il y a un certain équilibre sur notre Terre. L'Esprit parvient à y équilibrer, à peu près, la force des êtres, à assurer leur existence.

Dans l'immensité des planètes, il doit s'en trouver où une espèce a asservi toutes les autres, les a domestiquées ou écrasées.

Ici-bas, l'Esprit anime les molécules dans un ordre qui permet la continuation de chaque race.

Mais cela n'a aucun rapport avec des lois d'harmonie, de sélection ou de progrès.

Établir ces lois, c'est encore faire Dieu à son image, c'est indiquer comment on aurait procédé si l'on avait créé la Terre ; ce n'est pas voir les choses comme elles sont ; ce n'est pas interroger le Sphynx comme on devait l'interroger, sans idée préconçue, sans la hantise du passé théologique ou philosophique, des préoccupations politiques et des haines religieuses.

*
* *

La raison humaine est trop bornée, le champ à

explorer trop vaste, pour songer à aller vers le but suprême pas à pas.

La première chose à faire est de se bien persuader qu'il y a des questions auxquelles notre intelligence ne comprendra jamais rien : le créateur, la création, l'origine des mondes.

La seconde est de ne pas demander à de petits moyens, à des constatations sans portée, à l'analyse de nos sentiments d'hommes, à l'étude des infimes mouvements terriens, la solution du problème.

On doit appuyer les théories sur des faits dix fois prouvés ; ne pas hasarder une hypothèse sans reconnaître qu'elle a besoin d'être démontrée.

D'après l'histoire la plus sincère et la constatation de faits indiscutés, la Terre s'est refroidie de 35 à 40 degrés depuis 7 à 8.000 ans.

De plus, il paraît vraisemblable, que la situation actuelle est due à la commotion qui suivit la naissance de Mercure, commotion qui permit à l'Esprit de transformer la Matière dans de nouvelles conditions, avec des tentatives avortées, des efforts souvent inutiles, dont on suit fort bien la trace.

En voulant imposer la foi en une loi de transformisme, de sélection et de progrès, contraire à l'évidence, faite pour servir les passions anticléricales d'un moment, les matérialistes ont été obligés de donner à l'humanité des millions d'années d'existence, et de nier que la Matière soit animée par une force juste et bonne.

Il leur fallait, à tout prix, cette conclusion, et ils ont eu, pour l'accepter, la masse des cerveaux faux qui préfèrent un raisonnement à la constatation d'un fait fort simple.

On ne va pas à la vérité par ces moyens.

Pour y arriver, on doit ne jamais s'occuper des systèmes et des religions passées qui ne l'ont pas découverte ; il est inutile de suivre des sentiers au bout desquels nos devanciers se sont buttés à un mur infranchissable ; on serait arrêté comme eux.

Il faut renoncer à mesurer l'immensité avec un centimètre, comme l'ont fait jusqu'ici les savants, à aller au grand problème par des méthodes mathémathiques, bonnes tout au plus pour les théorèmes terriens.

De ce qu'on a trouvé des squelettes, des poteries, des pierres qui semblent en dehors de l'histoire connue, on n'a pas le droit de créer un système en contradiction avec les traditions et la logique.

Les savants ne peuvent pas parvenir à prendre notre planète pour une éclaboussure sans valeur, très différente des autres éclaboussures, à compren-

4.

dre qu'ils ne possèdent qu'un seul élément de la question.

Ils comparent sans cesse le froid, la chaleur, la force et la durée cosmiques, aux températures et à la durée de la Terre ; ils jugent l'Infini d'après elle, et appellent hypothèses sans portée ce qui sort de ces misérables limites, alors que pour chercher Ce qui Est, il est nécéssaire de faire, le plus possible, abstraction de ce que nous sommes.

*
* *

Au fond, le résumé des pages qui précèdent est fort simple et fort clair.

L'Intelligence humaine ne peut pas et ne pourra jamais comprendre l'infini et l'éternité de Ce qui Existe : son origine, son but, lui échapperont toujours.

Elle est obligée de prendre pour principe initial le travail de deux forces ; l'une, la Matière, formée de molécules inertes ; l'autre, l'Esprit, invisible et impondérable, s'agitant entre les molécules, et les transformant sans cesse.

L'effort de l'Esprit pour faire avec la Matière, ici-bas, des êtres animés et supérieurs, se voit dans les moindres manifestations de notre planète ; on assiste à son travail toujours pénible, souvent incohérent et inutile. Il est certainement gêné par les mouvements saccadés des molécules, par la vitesse des ondes émanant du foyer central.

***

Dans cette lutte, lorsqu'il parvient à faire naître une idée digne des mondes supérieurs où il règne en maître, l'Esprit porte cette idée dans ces mondes, et, naturellement, les cerveaux qui ont produit cette idée sont reliés à ces globes où ils ont une partie d'eux-mêmes.

De la sorte ces cerveaux ont le désir de suivre cette partie d'eux-mêmes vers des terres supérieures où règnent des conditions de justice, de bonté, de certitude d'un bonheur durable, inconnues sur Terre, — désir que n'ont pas les autres hommes et les autres animaux non reliés aux cieux cléments.

C'est la seule explication de ces élans de certains hommes qui souffrent de se trouver ici-bas, en appellent des injustices terriennes, crient miséricorde et pitié, alors que d'autres hommes se déclarent satisfaits de leur rôle sur un globe qu'ils croient isolé.

L'astronomie nous montre que les autres planètes sont sœurs de la nôtre, liées à nous, comprises dans le même mouvement d'ondes solaires ; l'histoire naturelle nous fait assister à l'effort de l'Esprit cherchant à faire des êtres un peu moins imparfaits que ceux des globes misérables ; les religions nous prouvent que, de tout temps, certains élus ont été attirés par des mondes surterriens.

— 68 —

Par conséquent, il y a bien survie ; cette survie se fait bien sur Mars ou Jupiter ; elle est bien produite par un phénomène naturel, très facile à comprendre.

Autant la fausseté des religions et des philosophies saute aux yeux, puisqu'elles reposent sur l'absurde, sur ce qui ne peut pas être, autant cet enseignement est clair, simple, logique, pratique, appuyé sur la science nouvelle, sur l'évidence des faits.

La simplicité de ces théories offusquera les savants dont l'habitude est de tirer des conclusions énormes des plus menus faits, mais qui n'accueillent jamais, sans mille objections, un système clair et nouveau.

Les croyants repousseront une Foi basée sur l'observation des faits quotidiens, réguliers, indiscutables ; il leur faut des mensonges concordant avec leurs désirs, et jamais ils n'accepteront de plier leurs rêves aux lois fatales.

Pour se créer un monde mystique, ils ont passé par-dessus le plus élémentaire bon sens : rien ne les ferait admettre ce qui est.

Heureusement la vérité s'impose toujours, car elle finit par être appuyée par des preuves.

Pour prouver que la terre est ronde, il a suffi de la parcourir, et on a démontré son mouvement avec un pendule et un peu de sable.

Cette preuve, faite avec un pendule et un peu de sable, on a mis 300 ans à la trouver.

Il en avait été de même pour la forme de la Terre: on construisait des globes terrestres avant que la découverte de l'Amérique eut permis d'affirmer que la terre était ronde.

C'est le cas ordinaire.

On établit un système qui explique et résout, mais on ne fournit pas d'abord, en même temps, la preuve matérielle, mathématique, l'argument qu'on ne discute plus.

L'idée que le magnétisme produit par notre cerveau va vers les planètes supérieures en s'éloignant des ondes trop serrées du soleil, sera combattue par tous les savants d'aujourd'hui, s'ils daignent s'en occuper.

Ils donneront contre elle dix raisons, ou cent, plus décisives les unes que les autres.

Cela n'empêchera pas les théories qui précèdent d'être vraies.

Un savant repousse, d'avance, les affirmations qui ne concordent pas avec les siennes, se servant, pour cela, des arguties qu'une science encore très complexe et très bornée, fournit à chacun des camps opposés.

Mais il viendra quelqu'un, et bientôt, qui suivra l'envoi de notre fluide individuel vers les planètes, qui démontrera comment s'opère l'incarnation de ce fluide dans Mars ou dans Jupiter.

D'ailleurs, ce jour-là, ces théories prouvées indiscutablement, seront plus maltraitées encore, tant elles dérangent de combinaisons aujourd'hui triomphantes.

Et il est dangereux de toucher à la science officielle.

Il est surtout terrible de toucher aux questions théologiques, parce qu'ici on se heurte à la mauvaise foi cléricale, la pire de toutes.

Jamais un homme nanti d'une situation due à ses travaux ou à ses croyances, n'admettra des travaux et des croyances contraires aux siens, fut-il persuadé que son adversaire a raison.

Dans l'immense tourbillon des globes, les habitants qui, du haut de leurs mondes superbes, suivent notre existence, doivent désigner la Terre par ces mots :

« La planète de l'Hypocrisie et de la Vanité. »

La Religion

Le jour où les astronomes ont découvert d'une façon formelle les lois auxquelles obéissent les astres, ont analysé l'air et établi une science nouvelle et indiscutable, les prêtres de chaque religion auraient dû crier à leurs fidèles, en montrant les planètes sœurs de la Terre :

« Voici les Paradis promis ! Voici les mondes où
« nous attendent les félicités réservées aux élus !
« Les Cieux et les Enfers créés par nos pères igno-
« rants n'existent sûrement pas, mais voilà ces mon-
« des où nous recevons la récompense de notre foi
« au Bien. Enfin on les a découverts ! »

Puisque, depuis les derniers fondateurs de religions, l'astronomie a progressé au point de prouver la folie de certaines croyances et l'évidence de certaines autres, il était très naturel que les pasteurs de peuples missent leurs ouailles sur la voie qui conduit à ces certitudes absolument démontrées.

Il n'en a rien été.

Ils ont persécuté les savants, d'abord, nié leurs théories ensuite, puis biaisé avec une constante mauvaise foi.

Forcés d'admettre des faits cent fois prouvés, ils ont essayé des compromis si étranges que, dans les établissements religieux, ont est obligé d'enseigner en classe exactement le contraire de ce qu'on prêche à la chapelle.

***

Cela ne gêne pas les croyants.

Proud'hon a écrit :

« On est de sa religion avant d'être de son pays. »

Il ne disait pas assez. Le dévot met sa religion au dessus de l'éclatante vérité, de la plus banale équité. Il a la haine de ce qui, bon, excellent, sublime, n'est pas de sa secte.

Il prend toujours parti pour ses coreligionnaires. Sous ce rapport, l'éducation des enfants, dans chaque culte, est un modèle.

Jamais on n'apprendra aux élèves à maudire les chefs de la religion dont la cruauté ensanglanta la Terre.

Catholiques ou protestants, les Chrétiens ont toujours pour le bandit qui massacra au nom de Jésus, non pas un mot d'excuse, mais un cri de reconnaissante admiration.

Les Musulmans, les Boudhistes, les Cannibales des bords du Congo, trouvent naturelles les tueries en l'honneur de leur divinités respectives.

Quant à ceux qui professent la religion de l'athéisme, leur premier soin, en arrivant au pouvoir, est d'enlever le pain de ceux qui croient en Dieu.

Tant qu'on a pris le Ciel pour un dais d'azur étendu sur la maison où Dieu avait placé une créature faite à son image, les croyants avaient une excuse pour continuer ces persécutions, ces querelles sanglantes qui résument l'histoire des religions ; rien de réel ne s'imposait, chacun pouvait s'imaginer posséder la clef du mystère.

Mais quand on eut prouvé que chaque étoile est un soleil autour duquel gravitent des planètes, et que le nombre de ces soleils est infini ; quand on eut pesé les astres et photographié le Ciel, l'aveu de leur erreur eut dû venir aux lèvres des plus orgueilleux.

Les chefs religieux eussent été dans leur rôle en étudiant ces faits nouveaux, en basant leur enseignement sur la réalité enfin révélée.

Non. Ils ont continué à professer les anciens dogmes, sans vouloir tenir compte des découvertes gênantes ; ils ont imposé à leurs fidèles l'horreur de Ce qui Est, à ce point que chercher à s'instruire semble, aux dévots, une injure à Dieu.

Nous avons été élevés dans une telle peur de l'inconnu, que l'étude de l'astronomie nous épouvante.

※※※

Devant le Vrai indiscutable, le seul Vrai indiscutable, nous fermons les yeux.

Ce résultat de soixante siècles d'ignorance devrait disparaître chaque jour, la science qui devrait surtout attirer l'humanité est celle qui nous fournit enfin, les indications nécessaires pour diriger nos vœux et appuyer notre espoir.

Au contraire, on ne veut pas voir la vérité ; on préfère croire au mensonge.

Au lieu d'aller vers le rayon qui seul peut nous guider, on lui tourne le dos.

※※※

Dans la nuit qui enserre l'humanité, une lueur luit enfin, indique le côté vers lequel il faut se diriger.

Et on continue à chercher dans l'ombre, à se cogner la tête contre les murs !

Alors qu'il a la certitude d'entrevoir l'unique solution, l'homme écoute toujours, soit les positivistes qui déclarent l'obscurité obligatoire, soit les apôtres des anciennes religions qui obligent à tendre les mains vers un monde évanoui, disparu, évaporé comme un nuage sous les feux du soleil.

***

L'astronomie effraie surtout les mystiques ; ils ont peur d'être forcés de renoncer aux espérances douces, aux croyances naïves, au bercement de leurs rêves, que la religion encourageait. Le mot de « science » les épouvante, leur semble désigner une étude aride ou cruelle.

Ils devraient, au contraire, être ravis de songer qu'ils trouvent, sur les planètes supérieures, l'assouvissement de leurs désirs ; qu'ils continuent avec les personnes aimées le roman interrompu ici-bas.

Les mondes superbes sont aussi propices que le nôtre aux attendrissements, aux dévouements. Les corps qui recueillent nos âmes n'ont pas grand peine à être supérieurs aux nôtres, et il y a sûrement dans ces pays splendides, des heures plus exquises que les plus charmantes vécues sur Terre, troublées par mille tortures, par mille chagrins.

***

D'autant plus que la religion appuyée sur la science, cette religion qui sera le résultat inévitable de l'acceptation des faits astronomiques prouvés, ne diffère pas très sensiblement de la Loi prêchée par le Christ avant qu'elle fut gâtée par les traditions du culte Chaldéen, ou bien par les folies théologiques des ascètes de la Thébaïde.

Grandie dans le chaos où sombrait l'empire romain, la religion chrétienne fut déformée par des inventions de cerveaux tourmentés.

Mais l'idée première d'une survie réservée aux bons, d'un châtiment consistant en la privation de la vue de Dieu, est bien conforme à la réalité. Les bons revivent, et les égoïstes ne vont pas vers les sphères où l'on a la vision de l'Esprit juste.

**

Il n'y a guère que cela de certain dans des enseignements transmis à travers quinze siècles d'ignorance générale, de guerres féroces, de légendes arrangées, dénaturées, appropriées à chaque pays : le Christ a montré aux croyants, aux mystiques, à ceux que ne retiennent pas, sur notre globe, l'orgueil ou l'avarice, un monde meilleur rapproché de Dieu.

Et les pharisiens, les mauvais riches, les impies, vont sous Terre, à jamais.

Sur ce thème, les docteurs bysantins ont établi des textes ou se trouvent d'excellentes choses et des erreurs avérées, et il en est sorti une église dont l'action fut, somme toute, bienfaisante à l'humanité.

Mais si le Christ revenait sur Terre, il ne pourrait s'empêcher de mettre son enseignement d'accord avec les certitudes astronomiques, et il prêcherait sa même religion en désignant, cette fois, pour lieu de repos et de récompense, un monde existant, visible, et non plus un Paradis inconnu dans un ciel exploré, depuis un demi-siècle, par mille lunettes de savants.

*
* *

Pourtant une grande différence est à signaler.

Les fidèles chrétiens comptent sur la prière pour obtenir une intervention efficace de la divinité dans leurs maux terrestres ; la Vérité astronomique n'admet pas d'action reflexe dans la poussée des ondes émanant du Soleil ; elle indique la prière comme un moyen de revivre sur les planètes supérieures, et non comme un remède à nos misères présentes.

Il est hélas! trop facile de démontrer que l'astronomie a raison !

La quantité de braves gens torturés ici-bas; l'inutilité des supplications de tout un peuple pour arracher à la douleur ou à la mort un maître chéri, une victime innocente; le triomphe ironique d'êtres sans âme et sans morale ; la règle humaine qui courbe sous le joug des mauvais riches et des bandits, la foule impuissante, prouvent autant qu'on peut prouver un fait l'injustice de la lutte Terrienne.

Il est des honnêtes gens heureux, à qui le bien réussit ; il est des vilaines gens écrasés sous le poids de leur infamie.

Cela tient à ce que la Matière se développe chez

les premiers dans de bonnes conditions, et que ces conditions sont défavorables chez les autres.

Espérer qu'une Justice divine y est pour quelque chose, c'est vouloir se faire illusion, parce que les cas où les faits sont contraires à notre idéal abondent autour de nous, l'emportant de beaucoup en nombre et en autorité.

Nous avons tous vu des jeunes mères, d'une Foi ardente, tendre vers le Ciel leurs bras meurtris, lui demandant quelques mois d'existence pour sauver de la faim ou du malheur des enfants trop jeunes, une famille perdue sans elle.

Le Ciel demeurait implacable.

La mère mourait ; la famille, décimée et ruinée, expiait le crime du sort.

Nous voyons tous la vertu devenir une source de gêne, de disgrâce, et le vice procurer des voluptés qui durent jusqu'au dernier jour, car en vain on attend la revanche du Bien ; des misérables dont l'audace cynique est une honte s'épanouissent jusqu'à la plus extrême vieillesse, en pleine santé, en pleine gloire.

On cite des cas extraordinaires de guérisons dans certaines maladies nerveuses, guérisons qui échappent à la médecine, et paraissent dues à l'action directe de l'Esprit sur le cerveau de certains élus.

Il est possible, en effet, que sur cette partie du corps la plus perfectionnée, l'Esprit ait, parfois, une action tangible ; il parvient à donner aux fibres le pouvoir de réagir contre l'implacable Matière.

C'est tout à fait exceptionnel, mais cela prouve de nouveau la résistance que l'Esprit rencontre dans sa pression sur la fange terrestre.

Cette résistance des molécules contre l'influence de l'Esprit qui les anime et les transforme, nous étonne parce que nous sommes élevés dans la certitude que la Force absolue existe.

Pour les matérialistes, la Matière est tout. Pour les croyants, l'Esprit est le maître suprême ; lui seul est absolu ; ne connaissant pas de lois, il ne peut admettre de résistance chez les molécules.

Or, la Vérité est qu'il y a lutte constante et que, sur notre globe, la Matière est de beaucoup plus forte que l'Esprit.

Il est tellement rare d'assister à une manifestation de la Force juste, qu'on ne peut certainement pas compter sur elle pour la guérison de nos maux et la conduite de nos affaires, ces manifestations si rares n'opérant jamais que dans les maladies cérébrales.

Devant cette non intervention de la Divinité, les cléricaux ne s'avouent pas vaincus. Ils renoncent à expliquer, et disent alors :

« Les desseins de Dieu sont impénétrables. Nul

« ne les connaîtra jamais. C'est pour notre salut
« qu'il agit.

« Il n'y a qu'à s'incliner.

Qu'en savent-ils?

Pourquoi la religion ne serait-elle pas compréhensible?

Pourquoi, contre l'évidence logique, Dieu serait-il le Créateur tout bon et tout puissant, alors que ses créatures sont de perpétuelles victimes de l'injuste?

Il lui eut été pourtant si facile de les faire heureuses tout de suite?

S'il était la toute Bonté et la toute Puissance, il ne laisserait pas le Mal écraser le Bien, car il n'aurait, lui-même, jamais eu l'idée du Mal!

S'il y a lutte, c'est qu'il se heurte à une autre puissance.

L'esprit juste, force intermoléculaire, subit l'action des molécules de la Matière.

On suit cette Matière d'assez près pour qu'on ne nie pas son action implacable. Et on sent que l'Esprit nous attire à lui, nous enlève à cette étreinte.

Voilà la vérité! Voilà la seule explication raisonnable de cette rivalité du Bien et du Mal!

A part les lois absolues qui règlent le recommencement des mondes, lois dont la notion est interdite à nos pauvres cerveaux, il n'y a rien autre que la transformation de la Matière qui, de boule de feu, devient boule de glace.

Les détails de cette transformation nous échappent en grande partie, parce que la science astronomique est très neuve, parce que notre intelligence est très bornée ; mais nous pouvons espérer suivre bientôt, au moyen de boussoles, d'instruments d'optique ou de clichés, le passage de l'Esprit à travers une Matière qu'il anime, et qui lui résiste dans des conditions naturelles.

*
* *

Certes, il serait préférable pour notre misérable état de Terriens, qu'un Dieu tout-puissant veillât sur nous, et nous protégeât contre les dangers, nous assurant une éternité de plaisirs après une existence charmante, au cas où nous observerions une Loi dictée par lui.

Oui, cela serait de beaucoup préférable.

Mais il n'en est pas ainsi ! Il n'en a jamais été ainsi ! Il n'en sera jamais ainsi !

Pourquoi s'obstiner à admettre un mensonge, une idée démentie quotidiennement par la vue de misères imméritées, de crimes triomphants !

« Les bons auront leur récompense au Ciel » disent les religions.

Bien entendu ! Ils l'auront ! Ils l'ont ! Ils revivent seuls sur des Terres bénies !

Mais non dans les Cieux inventés par des mystiques qui ne pouvaient pas placer ces cieux là où ils sont, puisqu'ils n'en avaient jamais entendu parler !

**

L'envoi de notre individualité vers les mondes où se trouvent nos amours et nos amitiés une fois constaté, des joies nous seront révélées, plus exquises que les élans factices d'autrefois.

Ce sera comme l'échange de pensées qui s'établit entre amoureux pendant le voyage de l'un deux. Mieux encore : le plaisir suprême de savoir qu'on poursuit, dans un monde plus beau, le doux roman à peine ébauché ici-bas.

On vivra dans un rêve ravissant ; on se verra toujours dans ces pays où l'on peut assouvir, enfin, son besoin de dévouement, d'adoration, de merveilleux !

Et puis, surtout, on n'aura plus cette peur de la mort qui gâte tant d'existences ! la certitude de continuer sa vie dans de meilleures conditions, enlevant le désir de se cramponner à la plus inclémente des Terres.

**

Dire que la réalité c'est cela : la certitude, pour les âmes croyantes, de revivre dans des contrées où plus rien n'existe de nos misères, et que cette réalité nul ne veut la voir !

Jamais un professeur ne montre à ses élèves les étoiles en les leur indiquant comme les paradis réservés à ceux qui prient.

Au contraire, on ferme obstinément cet idéal. On fait exprès de présenter le côté mathématique, ardu ; on décourage les fervents par des railleries grossières, de telle sorte, qu'au xxe siècle, la majorité est persuadée que les astronomes ont pour mission de savoir le temps qu'il fera le jour suivant !

Cette étude, qui devrait être la suprême espérance, le refuge constant, est une science, — même pas ! — un *pensum* hérissé de chiffres avec, pour note pittoresque, quelques projections photographiques d'un satellite stupide mort depuis longtemps.

*
* *

C'est aussi ne rien vouloir comprendre à ces vérités que se croire dans l'obligation de renoncer aux prières, sources d'apaisements.

Le Christ n'est pas sur les cieux qu'inventèrent les moines d'Orient, — pauvres paradis, d'ailleurs où l'éternité serait fastidieuse aux braves gens de tempérament grossier.

Il est sur la route des planètes lointaines baignées par l'Esprit. Il nous a ouvert le chemin et, dans le sillon de son âme, des millions d'âmes sont montées vers les glorieuses destinées.

Nous pourrons nous agenouiller sur son passage

et sur celui de sa Mère, depuis longtemps l'objet de tendre adoration. Nous reverrons les saints, culte des âmes naïves, les ancêtres dont on garde l'héritage d'honneur, les parents dont l'image est toujours présente.

On les retrouvera dans une de ces planètes où la vie dure mille ans, ou dix mille, une de ces Terres comme Neptune, où la vie normale d'un habitant doit être aussi longue que l'existence de toute l'humanité !

***

Les premières prières envolées vers les mondes voisins du nôtre, sembleront une sottise aux positivistes, un blasphème aux croyants.

Ceux qui ne vibrent pas au passage de l'Esprit, qui n'éprouvent jamais le besoin de prier, ne soupçonnent pas chez les autres cette poussée de certaines idées vers les cieux vengeurs.

Ils se sont groupés autour d'un philosophe inventeur de la théorie de « l'incognoscible », dont le principe est l'inutilité de s'occuper de ce qui est en dehors de notre globe, c'est-à-dire de ce qui est, au contraire, pour quelques-uns, la seule étude importante.

Le clan franc-maçonnique et juif a vite adopté cette négation.

Il ne veut pas de temple échappant à son contrôle, où se réfugieraient les mystiques attirés par le seul incognoscible.

Il empêche le peuple de sortir du cycle des affaires, parce que là ses représentants sont certains de le tenir sous leur tutelle.

Il admet des appétits, il n'admet pas la Foi : des syndicats, mais pas de religions.

*
* *

En revanche, les croyants ne permettront pas davantage qu'on les oriente vers la lumière. Ceux-ci ne discutent jamais, et leur haine envers ceux qui tentèrent de les convertir a endeuillé la Terre.

S'en est-il commis, des crimes, au nom du Dieu de Bonté !

En a-t-on accumulé des infamies !

Depuis la venue du Christ, chaque siècle a été marqué par des guerres interminables et, certes, le doux fils de Marie ne croyait pas semer le massacre et la mort !

En dehors de ces sanglantes folies, combien d'existences perdues à cause d'une mauvaise compréhension de la prière ! Que d'êtres humains ont souffert pour ne pas avoir voulu admettre les exigences de la Matière, se fiant à un Dieu tout-puissant dont la Justice leur épargnerait les tortures terrestres.

Que de déceptions devant l'implacable réalité, que d'oraisons finies par des malédictions, que de dégoûts, que de désespoirs !

Par la seule raison que ces mystiques s'adressaient à des Paradis imaginaires.

***

Avec le progrès de la science, on en arrivera à montrer aux hommes égarés ici-bas la route de ce qu'ils cherchent.

Il n'est pas besoin d'être grand prophète pour prédire une religion unique et, pour ainsi dire, obligatoire, qui tendra toutes les mains vers les planètes supérieures.

Bientôt on dira aux malheureux perdus dans la sottise jalouse des humains :

« Levez les yeux, comme autrefois. Mais au
« lieu de chercher en vain des Paradis qui n'ont
« jamais existé dans cette voûte immense, re-
« gardez ces deux ou trois bijoux du merveilleux
« écrin.

« L'un deux, qui brille d'une si belle lueur rouge,
« c'est Mars ; cet autre, ce diamant pur, c'est Jupi-
« ter, la Terre immense, et celui-là Saturne !

« Notre humble globe est lié à ces mondes par un
« fil que nos yeux ne voient pas, mais dont notre
« intelligence prouve l'existence.

« C'est là que vous irez, que vous allez.

« Ce besoin d'idéal et de bonté qui ne trouve pas
« satisfaction sur Terre, est un appel fait à votre
« âme par des pays plus heureux.

« Vous laisserez ici-bas votre enveloppe, qui s'est
« déjà transformée souvent et prendra mille formes
« avant de faire partie, de nouveau, d'une boule de
« feu ; mais ce fluide que votre prière envoie vers

« la source de Bonté, s'incarne dans ces mondes
« supérieurs.

« Là Haut vous retrouverez ceux que vous avez
« aimés, ceux que vous voulez connaître. Sur la
« route qui va du Soleil aux lointaines limites de
« son action, vous aurez le temps de vivre avec eux,
« dans une contrée où votre âme goûtera, enfin, les
« joies entrevues.

« Vous êtes au début de cette route : la première
« étape est rude, les autres seront radieuses.

« Remerciez celui qui vous a donné d'échapper
« aux étreintes du Mal, et priez-le de vous laisser
« venir, par l'échelle des astres, au pays d'éternelle
« Justice et d'immuable Vérité.

*
* *

Il est ridicule de continuer à fermer les yeux
quand on gagnerait à les ouvrir.

Ce Christ, cette Vierge Marie, ces Saints dont les
noms sont sur nos lèvres et l'exemple dans nos
cœurs, ne nous les montrez plus dans un pays ima-
ginaire, indiscutablement faux, disparu sous la lu-
nette des savants.

Ils ne sont pas dans un monde incohérent, esprits
sans corps ou corps inpondérables, chantant éternellement les louanges du Créateur. Ils vivent, ils
vont comme nous, vers les pays merveilleux où
nous les retrouverons en effet, et où notre âme
aura, auprès de la leur, la récompense de sa Foi !

***

Il ne s'agit pas de nier la religion ; il s'agit, au contraire, de la prouver, de donner à tous l'obligation de croire, avec les bienfaits de cette obligation.

Ce n'est pas être impie que de voir ce qui est, et de ne pas s'occuper de ce qui n'est pas.

D'autant que la Foi est d'accord avec la science. Non seulement elles ne sont pas contradictoires, mais elles devraient être inséparables. Elles sont persécutées alternativement, alors qu'elles devraient se fondre dans une commune espérance.

A chaque conquête de la science, la religion aurait dû mettre son enseignement d'accord avec la découverte nouvelle, se dégager d'une erreur devenue sans excuses.

Mais le cerveau humain se débarrasse bien difficilement de la tyrannie des premières impressions.

On est certain aujourd'hui qu'il existe des milliards de sextillons de nonillons de Terres, et que la majorité de cette infinité de globes est dans de meilleures conditions que le nôtre ; on ne devrait donc pas raisonner comme jadis, lorsqu'on pensait que notre Terre existait seule, œuvre unique d'un créateur s'inquiétant exclusivement de cette œuvre.

Une loi suprême régit sans doute tous les Mondes, règle la machine éternelle. Nous parvenons à suivre, de cette machine, quelques rouages voisins du nôtre, mais, incapables de connaître, de comprendre sa durée et sa grandeur, nous sommes grotesques lorsque nous discutons du Maître qui l'a faite, lorsque nous le rapetissons à notre taille.

°

Notre intelligence ne comprend absolument rien à la création ; nul humain n'a jamais su et ne saura jamais si les mondes ont été créés, par qui, dans quel but. L'Infini et l'Eternité sont des notions qui nous échappent, nous ont toujours échappé, nous échapperons toujours, à tous !

Il vient des gens vous dire :

— « Ce qui existe a été créé par un Dieu en trois
« personnes ! Je vous oblige à le croire, ou bien j'em-
« poisonnerai votre existence, je vous traiterai en
« ennemi mortel ! »

Pourquoi un Dieu en trois personnes ?

Pourquoi pas en quatre ou en dix-huit ?

Qui le leur a dit ? Comprennent-ils le grand mystère ? S'imaginent-ils qu'on puisse y comprendre un mot ?

De quel droit torturent-ils ceux dont la raison se cabre devant leur affirmation ?

C'est le cynisme de l'absurde !

°

D'un autre côté, les matérialistes proclament :
— « Tout, sur Terre, a une raison d'être, une
« cause. Sans cause, un objet ne se déplace pas d'un

« millimètre ; le plus rudimentaire des êtres ne fait
« pas un mouvement. Le moindre geste de l'homme,
« le plus petit changement des molécules pro-
« viennent d'un besoin, d'une impulsion, d'une at-
« traction.

« Seul, le sentiment qui fait chercher, à des mil-
« lions d'hommes, depuis huit mille ans, un monde
« différent du nôtre, seul le geste du malheureux
« s'accrochant à l'espoir d'une justice en dehors et
« au-dessus de l'état terrien, sont des effets sans
« causes. On ne doit pas en tenir compte, il faut
« vivre comme si cela n'existait pas ! »

N'est-ce pas inouï !

Que cet effet, né d'un besoin indiscutable de revanche en un autre monde, ait dévié dès son origine ; que la prière inspirée par un sentiment ins-
tinctif, se soit adressée à des symboles trompeurs,
c'était naturel, fatal: les croyants ignoraient la réalité, s'imaginaient leur Terre unique création de
Dieu.

Mais l'élan était aussi puissant, aussi indéniable,
aussi probant !

Pour discuter cela, il faut avoir le cerveau faussé
par les raisonnnements des philosophes.

Si certains hommes n'étaient pas attirés par des
cieux cléments, ils ne réclameraient pas ces cieux !

On n'invente pas une attraction. On lui obéit; on ne l'invente pas!

On ne s'imagine pas un escargot ou une souris faisant appel à une justice surterrienne.

Souvent deux enfants élevés dans les mêmes conditions, des cousins ayant subi la même pression des mêmes maîtres, deviennent, l'un le voyant dont la vie se passe à préparer la compensation d'un ciel réparateur, l'autre, le sanguin positif et cynique qui n'a jamais tressailli une minute aux appels de l'inconnu.

Les explications des matérialistes ne sauraient avoir la moindre valeur; leur raisonnement ne tient pas devant l'évidence.

Eux, en effet, ne revivent pas, mais ceux qui croient revivre, revivent! Il n'y aurait pas d'exemple, ici-bas, d'un autre fait indiscutable, d'un autre motif faisant agir des millions d'hommes, et qui n'existerait pas!

Puisqu'il faut une religion, on doit l'établir sur ce qui Est, la faire concorder le plus possible avec ce que nos pauvres yeux voient, avec ce que comprend notre pauvre cerveau; lui donner pour base notre espoir d'une survie en ces mondes qui nous attirent, en ces mondes que nous savons les seuls réels, liés à nous, sortis du même soleil! Sans cela la guerre sera éternelle entre les différentes religions, toutes luttant pour imposer des absurdités avec une violence et une mauvaise foi qu'. suffiraient à prouver la nécessité de renier des croyances d'où naissent de pareils sentiments.

*
* *

Les croyances qui courbent les humains sont d'une sottise tellement évidente, qu'ont est supris qu'une science indiscutable n'ait pas triomphé de mensonges plus indiscutables encore.

Les premiers Boudhistes, les premiers Chrétiens, les premiers Mahométans, cerveaux agités par l'Esprit qui les attirait vers un monde inconnu alors, furent bien obligés d'inventer des Paradis vagues et mystiques comme leurs souhaits.

Harcelés d'un besoin de surnaturel que l'état de la Science ne leur permettait pas de comprendre, ils créaient des symboles, se perdaient dans la théologie.

Leur rêve, arrêté par l'ignorance, s'exaspérait, s'affolait.

Les Chrétiens imaginaient un Créateur dont le fils, aussi vieux que lui, devenait homme pour sauver les hommes ;

Les Musulmans imaginaient une survie qui réservait aux élus des femmes toujours vierges et des désirs sans cesse renaissants ;

Les Boudhistes cherchaient dans le néant du Nirvana le seul refuge contre les maux terriens.

Il fallait bien donner une forme à l'idée de justice

innée chez certains, essayer d'expliquer les élans de l'âme vers un idéal surhumain.

*
* *

Mais à présent qu'on sait le rôle infime de notre globe dans le tourbillon infini, y a-t-il une raison pour conserver des croyances pareilles !

Peut-on s'imaginer encore la cause de ce mouvement dont nous n'avons même pas la plus vague compréhension, partageant nos sottises et nos infirmités !

Notre globe est une boule de feu devenant une boule de glace sans perdre un atome, sans qu'une parcelle de matière puisse la quitter.

Cette boule est baignée par l'Esprit qui porte aux planètes supérieures, où il est moins étreint par la Matière, le fluide que son passage fait naître dans notre cerveau, lorsque ce fluide est digne de faire partie de la vie des pays radieux.

Cela justifie nos plus ambitieuses espérances, mais en quoi cela implique-t-il l'Incarnation de Dieu, sa transformation en Trinité ou en idole assoiffée de sang ; en quoi cela rend-il nécessaire la haine que professent les croyants envers les disciples de la chapelle voisine ?

*
* *

Alors, la Terre sera toujours vouée aux querelles religieuses !

Alors, après les travaux des savants qui décomposent et recomposent les corps, pèsent les astres, démontrent notre incapacité à poser même le problème de la Vérité, nous répèterons toujours que Dieu nous a fait à son image, qu'il a créé la femme avec une côte du premier homme endormi, qu'il recueille nos corps dans son royaume, qu'il envoie son fils racheter nos fautes et remonter au ciel, qu'il punit d'une torture éternelle les braves gens sceptiques ;

Les Mahométans croiront encore qu'à l'âge de 5 ans, Mahomet vit deux anges venus pour lui ouvrir la poitrine et lui remplir le cœur de foi et de courage ; ou bien qu'au dernier Jugement,, Allah liquidera le compte moral de chacun et, sur une feuille où seront inscrits les péchés et les bonnes actions, effacera ce qui lui plaira d'enlever pour que l'addition soit équitable ;

Les Boudhistes affirmeront que leur Dieu est entré dans le sein de sa mère sous la forme d'un jeune éléphant, pour en sortir, sans la blesser, par le côté droit ;

Les Indiens adoreront Brahma parce que, brisant son œuf, il créa la Terre avec le bas de la coque et le Ciel avec le haut !

Et toutes ces religions prêcheront qu'il faut massacrer, ou insulter, ou convertir les disciples des autres églises, parce que, hors d'elles, il n'y a que criminelles croyances punies par des supplices éternels !

Et tous les humains s'accrocheront à ces folies cruelles et stupides, si absurdes que si on les énonçait dans un ordre d'idées autre que l'ordre religieux, il n'y aurait pas assez de douches dans les asiles d'aliénés pour doucher le fou qui oserait les répéter !

**

Il est donc nécessaire que la religion soit absurde ?
Que peut y gagner l'humanité ?

C'est en enseignant ces mensonges aux enfants, qu'on fait ces hommes orgueilleux et haineux qui veulent, à tout prix, imposer leur foi intransigeante·

Au lieu de leur dire que Dieu a pour mission unique de s'occuper d'eux, qu'il leur donne son sang et sa chair comme nourriture, ou bien qu'Allah les attend dans son Paradis pour récompenser les tueries d'infidèles, on ferait mieux de planter des milliers d'étoiles d'acier contre la plus vaste muraille et, perdue entre elles, une tête d'épingle.

Puis on leur expliquerait que leur Terre est des milliards de fois moins importante encore dans la réalité que cette tête d'épingle parmi les milliers de clous.

Alors ils se rendraient compte de leur sottise de se croire la raison d'être de toute chose ; ils verraient qu'ils font partie d'un immense tourbillon qui se passerait très bien d'eux et, devant leur impossibilité de comprendre la Création, ils renonceraient à comprendre le Créateur.

⁂

Les citoyens qui parlent avec orgueil de leurs devoirs et de leurs droits, feraient bien de venir méditer aussi devant cette démonstration de leur ridicule.

Ceux-ci, plus que les enfants, y gagneraient.

La nécessité de quitter la tête d'épingle pour échapper aux misères réservées aux terres infimes, s'imposerait à eux. Les cruautés de leur existence leur seraient expliquées ; ils ne douteraient plus que cette minuscule Terre, si mal placée près du Soleil, ne leur donnera jamais ce qu'ils en attendent, et que leur seule chance de connaître la Justice est de passer sur les globes immenses que baigne l'Esprit !

Ils se diraient que s'ils ne quittent pas la Terre, s'ils ne vivent pas de la vie qui anime les Mondes et les pénètre en suivant un courant qui va du Soleil aux planètes calmes, s'ils ne passent pas sur les boules énormes éloignées des ondes cruelles des globes en feu, ils ne sont rien, absolument rien, que des animaux plus faibles et plus misérables que les autres !

Le Créateur de cette infinité de mondes enverrait son fils ou un prophète pour ramener à lui une poignée d'insectes égarés sur une petite bille à peine née, à moitié morte ! Il consentirait à ce sacrifice inouï en faveur de ce grain plus perdu dans la tourmente que le grain de sable dans la bourrasque du désert !

Pourquoi ? qui peut admettre, de bonne foi, une pareille invraisemblance ?

⁎

La vérité est qu'une Loi immuable règle les relations de l'Esprit et de la Matière, loi qui est la même pour chaque système solaire, et transforme les mondes suivant les théories énoncées ci-dessus.

Le peu qu'on sait suffit à démontrer l'erreur des cultes anciens, et garantit la vraisemblance, — en attendant la preuve, — d'un système clair, logique, appuyé sur des réalités.

⁎

Il faut le redire : ces théories ont pour conséquence fatale une religion obligatoire, et qui ne changera pas beaucoup le fond de celle qu'établit le Christ.

Jésus, en montrant une survie réservée aux âmes charitables et nobles, a ouvert une voie que nous devons suivre.

Il revit, lui, sur les planètes supérieures, dans les Cieux qui existent ; en le priant, on revit aussi, on envoie son âme vers les pays où elle s'incarnera.

Lorsqu'on aura démontré cette incarnation, on

ira dans les églises où brille l'image de Jésus, où résonnent ses paroles, pour s'y agenouiller comme aujourd'hui.

Au lieu de réciter des phrases latines contraires au bon sens ou impossibles à comprendre, on demandera au Christ de vous garder une place près de lui, dans les Paradis où il attend ceux qui ont cru en son enseignement, et où n'iront pas non seulement ceux qui se servent de la religion pour dissimuler leurs vices, mais encore les dévoyés jetés par les hasards de leur éducation, ou par une crise cérébrale, sur la route bénie.

*
* *

Le cerveau est si fragile, si facile à fausser, que les efforts de l'homme, et surtout de la femme, vers cet idéal dont ils ont la très vague notion, produisent vite des troubles n'ayant rien de commun avec la foi religieuse.

Les Fakirs de l'Inde qui se transpercent les bras, les Bonzes ankylosés dans la contemplation de leur propre nombril, les jeunes nonnes qui renoncent à vivre de la vie terrienne, sont des victimes et non des élus.

Le premier devoir de l'homme est de servir l'humanité ; il s'y dérobe lorsqu'il emploie son énergie à ces pratiques affolées, vestiges d'une époque où les Barbares cherchaient à apaiser le Dieu du Mal par l'offrande de la douleur.

La vie est trop dure, la société trop exigeante, pour qu'il faille se créer des maux en plus de ceux qu'elles imposent.

Faire le bien, donner le bon exemple, aimer et espérer, suffisent à remplir les plus longues existences.

A quoi riment les mortifications, et l'éternelle claustration? Quels services peuvent rendre à la collectivité ou à l'individu, des souffrances volontaires que nul ne réclame?

N'est-il pas préférable de soulager des misères que d'en créer?

On peut être à la fois mystique et raisonnable.

On n'est pas un saint parce qu'on a une maladie de nerfs.

La pile détraquée n'est pas supérieure à celle qui ne fonctionne jamais.

***

Certes, il est très naturel que des croyants forment des communautés afin d'y vivre de la vie extatique propre à leur tempérament, et il a fallu, pour qu'on les gênât dans cet exercice, que le pouvoir tombât aux mains des représentants d'une populace hargneuse.

Pourtant on doit prévenir ces religieux qu'ils se trompent en s'imaginant forcer les portes des Cieux par des plaintes physiques.

Le passage de l'âme vers les planètes supérieures est réservé aux êtres animés de sentiments dignes de ces planètes ; ces mondes sont peuplés d'élus au cœur noble et compatissant, et non pas de fanatiques capables de se déchirer la chair avec des cilices, ou de tourner, durant un demi siècle, des moulins à prières.

*
* *

L'établissement d'une religion unique devrait être le but suprême des maîtres d'ici-bas.

Celui dont les enseignements auront obligé les peuples à communier, dans une même foi, aura rendu service à la Terre plus que Jésus, Mahomet ou Confucius.

L'histoire de chaque race et de chaque époque est un tableau de misères et de tueries causées par la différence des religions, et tant que les regards et les mains ne s'élèveront pas vers le même point du ciel, n'appelleront par la même récompense, la bataille continuera aussi sanglante.

Tant que la prière et la science ne seront pas d'accord, tant qu'on n'admettra pas le passage de nos âmes dans des cieux réels, tant qu'au lieu de demander la vérité à l'évidence, on la cherchera dans les divagations d'aïeux qui ignoraient tout des conditions de l'univers, les nations seront vouées à la guerre et à l'anarchie.

***

S'il est étrange de voir la science se cramponner à des théories fantaisistes, hésiter à admettre que la molécule, principe de toutes les forces et les renfermant toutes, a formé la Terre très péniblement, et que, plus on dégagera la molécule des agrégations complexes, et plus on aura des corps puissants et radieux ; s'il est étrange d'assister à ce spectacle de savants que la vue quotidienne des splendeurs infinies des cieux ne parvient pas à sortir des viles intrigues de notre bille de fange, n'est-il pas plus extraordinaire encore de regarder les croyants s'obstiner dans l'adoration d'indiscutables absurdités ?

N'est-ce pas fou de croire encore à un Créateur en trois personnes, et faut-il répéter cette vérité si banale : on n'aura jamais la notion du Créateur parce qu'on n'aura jamais la notion de la Création !

***

L'explication qui consiste à prétendre que les Religions ont été révélées, n'est pas même une excuse.

On voit très bien, au contraire, l'origine des religions : elles sont le produit d'un besoin de foi inné chez certains hommes, et de l'ignorace qui empêchait ces derniers d'établir cette foi sur des données sérieuses.

Il n'y a rien là de merveilleux ni d'obscur.

Aujourd'hui l'étude des astres a détruit absolument, irrévocablement, les premiers systèmes : il n'y a qu'à les abandonner !

Les chefs religieux font comme les savants, ils reculent peu à peu devant la lumière, en la niant.— Il serait plus honorable de déclarer qu'elle crève les yeux !

Depuis un certain temps, il y a, dans les milieux éclésiastiques, une tendance à rajeunir la religion catholique en amalgamant les vielles formules avec les évidences nouvelles. On ferait des concessions au bon sens ; on admettrait que certaines parties des Ecritures saintes sont apocriphes, que certaines dévotions sont ridicules.

Ce n'est pas ainsi qu'on arrivera à rendre plus solide un lien trop détendu, trop faible pour relier le peuple dans une espérance commune.

***

Ou une Religion est vraie, ou elle est fausse. Ou Jésus-Christ est fils de Dieu, Mahomet le prophète d'Allah, ou bien ce sont des hommes ayant subi l'ambiance de leur époque, qui ignoraient ce que nous avons appris depuis eux, dont il faut vénérer la mémoire, mais dont les enseignements ne sauraient être au dessus de certains faits contraires, cent fois prouvés par une science nouvelle.

Il est bon, il est profitable que les nerveux prient ces hommes qu'ils retrouveront sur Jupiter ou Saturne ; leurs élans vers l'idéal monteront auprès de ces maîtres, s'incarneront dans des conditions dont il est impossible de rien prévoir dans l'état actuel de la science.

Mais il est mauvais, il est dangereux, de laisser maltraiter, par des êtres voués à l'absurde, les hommes appuyant leur foi sur la logique, sous le prétexte que cette foi est en contradiction avec ce que prêchaient des chefs forcément ignorants !

Pour parvenir à faire concorder la science d'aujourd'hui et la religion d'autrefois, il faut une évolution complète, et non un hypocrite remaniement de quelques énormités.

On arrivera à rendre à la Religion sa puissance bienfaisante en la voulant logique et claire, et non en épuchant des reliques !

Les hommes ne marcheront vers le progrès réel, vers un état meilleur, que lorsque, dégagés des sottises féroces, ils pourront aller ensemble vers le même rayon, lorsqu'au lieu d'être tiraillés par mille tyrannies ennemies, ils uniront leurs efforts pour la conquête des mêmes cieux !

Cette Religion qui tendra les bras des terriens vers les Cieux où se trouvent réellement les grands ancêtres, ne peut pas ne pas s'imposer ; elle est la conséquence immédiate, forcée, des découvertes astronomiques.

Elle sera combattue à outrance par les prêtres et les écrivains attachés aux chapelles existantes à qui cette religion enlèverait leur action sur les fidèles.

Il semble naturel aux hommes de bonne volonté de s'adresser au Christ là où il est, d'envoyer leurs vœux vers les mondes où se trouvent ceux qu'ils invoquent et, en effet, le fond de la religion changerait très peu.

Mais les prêtres ne permettront jamais qu'on prie en dehors de leur contrôle ; ils veulent garder la direction absolue de la piété.

Les guerres religieuses qui ont ensanglanté l'Europe, étaient dues à cette intransigeance qui obligeait d'accepter, comme articles de foi, des mensonges évidents.

L'Eglise réformée étant un peu plus logique, un peu plus libérale que l'autre, compte aujourd'hui plus d'adhérents que l'Eglise mère, et beaucoup plus de pratiquants.

Celle-ci fut créée à une époque de troubles et de ténèbres, autant par des extatiques à demi-fous que par des hommes de haute valeur ; elle se ressent de cette origine et contient, à côté de principes admirables, des inventions théologiques, dont nul n'aurait l'idée à présent,

***

Il faut toujours en revenir à ceci : en niant des faits aussi vrais que quelque chose peut être vrai, les religions ne sont plus dans l'erreur, elles sont dans l'absurde.

Elle ne représentent plus le mensonge, elle ne représentent rien.

Elles furent établies à une époque où l'on ne connaissait pas les grandes lois cosmiques, et elles se trouvent, naturellement, en contradiction avec ses lois.

Mahomet, saint Paul ou Luther ne pouvaient pas prévoir l'attraction prouvée par Newton ou le mouvement de la Terre expliqué par Foucault. On ne saurait leur reprocher d'avoir créé des cieux en dehors d'une réalité dont rien ne leur disait l'existence.

Mais on a le droit de demander aux ministres de leurs cultes de mettre leurs enseignements d'accord avec les certitudes scientifiques.

***

On a pu étudier la voûte bleue, analyser l'air et peser les astres.

Il n'y a pas, il ne peut y avoir d'autres Paradis que les planètes supérieures, et les prêtres guident leurs fidèles vers des mondes inventés par leurs prédécesseurs ignorants !

Ils enseignent, à l'école, la façon dont se décomposent les corps pour en former des milliers d'autres, et ils prêchent, à l'église, la résurrection du corps humain dans son intégralité !

S'imaginent-ils, par ce constant défi au bon sens, retarder l'avènement du Vrai ?

**

Pourtant, il faut une religion ! D'abord parce qu'une croyance en une récompense commune peut seule grouper les forces du Bien ; ensuite parce que la certitude de quitter notre Terre est l'unique soulagement aux tortures d'ici-bas.

Celui qui regarde, de loin, passer la cohue terrienne, est épouvanté de la somme effroyable de misères, d'infamies, de rancœurs et de terreurs que fournit l'existence des humains.

L'histoire des hommes est écrite avec du sang ou du fiel, et jusqu'au bout ils tourneront dans un cycle de haine et de douleurs.

Si l'on pouvait recueillir les imprécations des victimes de la fatalité, si l'on pouvait, d'un coup d'œil, voir le grouillement des millions d'hommes qui souffrent, brûlés par la fièvre, affolés par la faim, rongés par des maux incurables, roulés par le vice et le crime, on aurait la vraie notion de ce qu'est notre Monde.

**

L'ouvrier râle sur ses outils, l'employé étouffe

dans sa cage, le soldat s'abêtit dans de grandes boîtes empestées ; sur la moitié du globe les paysans grelottent de froid, sur l'autre moitié ils suffoquent sous un soleil de plomb ; les hôpitaux et les asiles de fous regorgent. Si la maladie vous oublie, la vieillesse vous saisit bien vite, implacable, lugubre. Parfois la guerre, souvent les épidémies, toutoujours l'exploitation du pauvre, du faible, son écrasement juaqu'à ce qu'il ait craché sous la botte du maître, ce qu'il peut produire d'or !

Au moral, c'est pire encore ! Un perpétuel défi à la justice, l'avortement des efforts pour établir le règne de la Bonté, le triomphe du vice insolent, cynique, la trahison, l'ingratitude.

On cherche en vain une vérité pour accrocher son besoin de dévouement ; on sent s'effriter toutes les espérances auxquelles on crispait ses doigts. On vit dans une atmosphère de dégoût, de révolte et, surtout, de sottise.

Comme contrepoids à ces tourments, des joies fugitives, ou niaises, ou viles, le ricanement des exploiteurs assouvissent leurs appétits.

Parfois, quelques élans vers le Beau, quelques scènes gaies de la comédie de la jeunesse et de l'amour, — rares sourires que la lassitude et l'âge changeront vite en grimaces de regrets !

Au fond, partout l'hypocrisie, l'égoïsme et cette affreuse vanité qui forme presque entièrement la fange humaine. On veut faire envie ! Etre envié, remarqué, est l'idéal des plus intelligents !

*
* *

Et c'est cette bille de boue, roulant sans cesse la honte et la détresse, qui, selon les uns, serait la raison d'être d'une Création infinie et éternelle ? L'homme, ce petit être voué à la souffrance grotesque, serait l'image de Dieu, de Celui qui a fait des milliards de milliards de mondes mille fois plus grands et plus beaux que le nôtre ?

Et c'est sur cette boule abjecte que les matérialistes nous gardent de force ! Lorsque, voulant, à tout prix, fuir ce flot de malheurs qui nous entoure, nous gravissons les sommets, implorant, à mains jointes, une place sur des Terres justes et clémentes, les positivistes nous replongent, de force, dans notre misère, en nous disant :

« Vous êtes voués à cette planète maudite ! Il y a
« des millions d'autres mondes, mais nous vous dé-
« fendons de songer à quitter celui-ci ! »

*
* *

Vrai ! Il serait par trop stupide de les écouter !

Eux demeurent ici-bas pour exploiter l'infamie terrienne, mais les croyants exigent des cieux de justice et de liberté, ces cieux qu'ils voient, qui sont liés à leur prison actuelle, qu'ils auront, parce qu'ils sont sûrement attirés par eux !

Pour ces nerveux, animés d'un Foi instinctive et invincible, croire, espérer, sont des nécessités comme chez les autres, boire ou manger ! Et ils sont certains que ces besoins ne sont pas une invention, qu'ils sont le résultat d'un fait, comme la faim et la soif !

Aussi n'accepteront-ils jamais d'obéir à la tyrannie des matérialistes, de renoncer à cette certitude d'une survie sur des mondes bénis, certitude qui les soutient, les console, les élève au dessus de ce cloaque de douleurs et de turpitudes qu'a toujours été et que sera toujours notre lamentable planète !

Nous devons, maintenant, nous accuper de questions plus banales : la politique, l'argent, le socialisme.

A l'homme qui vient de passer quelques heures dans l'étude des merveilles du Ciel, la petitesse de nos grands événements, la folie de notre sagesse, causent une surprise découragée.

Il est effrayé de la différence existant entre ce qui se passe et ce qui devrait se passer ; il ne peut croire au triomphe de la sottise et de la méchanceté, à l'effacement des forces honnêtes devant l'aplomb du mensonge.

Puis il excuse les vilenies et les lâchetés. Pétri de fange terrestre, l'homme sera toujours un être misérable.

Le mieux est d'essayer d'adoucir ses souffrances en lui montrant où est le Mal et comment on doit le frapper, car pour pouvoir faire du bien aux bons, il faut savoir faire du mal aux méchants.

* * *

Nous allons donc étudier, à la lueur des Vérités fondées sur l'évidence et le bon sens, notre état social qui n'est, pour l'heure, qu'une forme de l'anthropophagie.

La Politique

Si les pages précédentes offrent des théories neuves qui, malgré leur simplicité, mettront longtemps à s'imposer, les observations suivantes sont le résumé d'idées connues dont le triomphe est proche.

Qu'on ne cherche donc plus ici des aperçus nouveaux : ce qui suit a été écrit et répété des milliers de fois.

Mais ces idées, semées sans méthode, poussent au hasard ; il est nécessaire de les lier entre elles pour assurer la moisson.

On ne saurait trop apporter d'ordre et de logique dans l'étude de questions embrouillées à plaisir.

L'humanité est habituée à vivre dans l'erreur ; elle y a été, et y est encore maintenue par toutes les forces religieuses et politiques.

Pour convaincre le public, on doit lui présenter des vérités évidentes sous une forme facile à saisir.

Il faut que, malgré l'habitude qu'il a de détourner la tête, la clarté soit assez puissante pour qu'il ne puisse la nier.

La race humaine se compose d'éléments divers et disparates, et c'est encore sous le rapport de l'intelligence que les hommes diffèrent le plus.

Des hauteurs où planent les saints et les héros, on descend, par des degrés ininterrompus sur lesquels s'échelonnent les qualités et les vices, vers une masse d'êtres sans esprit, sans âme, sans notion du Beau, sans désir du Bien, — triangle dont la base est immense et le sommet très effilé.

Il semblerait donc que toute société, sur Terre, dut être établie conformément à cette règle indéniable de la différence des hommes nés, les uns pour commander, les autres pour obéir ; les premiers pouvant organiser et élever l'humanité, les autres ne pouvant que la ravaler, la faire périr.

**

Au début, cette hiérarchie ne s'est pas établie. La force physique jouait un trop grand rôle ; les groupements d'hommes forts et courageux dictèrent leurs lois.

Puis vint le règne des esprits retors et cruels qui surent inspirer la terreur religieuse, exploiter les appétits des ambitieux et des brutes.

Enfin, quand les révolutions obligèrent les pouvoirs publics à faire appel aux lumières de l'élite, apparut cette chose inouïe : le suffrage universel, — pour prouver sans doute, une fois de plus, la perpétuelle faillite de la raison humaine.

C'était l'installation définitive du gâchis, la base du triangle dominant le sommet, ou plutôt formant ce sommet avec sa propre lie.

Cette institution du suffrage universel partait d'un principe qui a un faux air de vérité : tous les hommes étant intéressés à la bonne gestion des affaires, doivent avoir voix à leur discussion.

En effet, les petits et les simples ont le droit d'être écoutés, d'abord parce qu'il y va de leur bien-être et de celui de leur famille, ensuite parce que ce ne sont ni les plus instruits ni les plus intelligents qui sont les plus sages.

Et certaines questions ordinaires, bien déterminées, gagnent à être traitées par la masse.

Mais en appliquant le suffrage universel aux questions générales, ardues, où jouent leur rôle l'histoire, la science, l'art, l'économie politique, il arriva ce qui devait arriver : la masse médiocre qui ne pouvait pas connaître ces questions, ni juger quels délégués les résoudraient, se laissa influencer par sa vanité, ses jalousies, ses rancunes, son entêtement, ces mille défauts auxquels les gens d'esprit étroit sacrifient les considérations d'ordre élevé.

Et elle eut des représentants qui la représentaient: ignorants, rancuniers, vaniteux, jaloux, incapables de s'élever au-dessus des plus vils tripotages.

***

C'était fatal.

Si l'on n'oblige pas le peuple à choisir dans le haut du triangle, parmi les gens offrant des garanties, il prendra pour mandataire celui qui lui permettra d'assouvir ses appétits et ses haines.

Et plus il verra de près les candidats, plus la carte électorale sera morcelée, et plus l'assemblée des députés reflètera la mesquinerie de ses désirs et de ses rancunes, d'autant qu'il se formera de petits comités dont dépendra absolument l'élu, pour imposer plus sûrement encore les caprices de la foule ignorante.

***

Dans certains pays on parvient à éviter cette pression d'en bas ; les chefs ne sont pas sans cesse harcelés par des exigences misérables.

En Angleterre, en Amérique, en Allemagne, les élections se font, soit à coups de billets de banque, soit autour de personnalités appartenant à la vieille aristocratie.

Les candidats sont forcés d'être des millionnaires, des grands seigneurs, ou des semeurs d'idées assez puissants pour lutter contre le prestige de l'or et de la naissance.

D'où une sélection obligatoire.

Les élus appartiennent à un monde correct, instruit.

Ils ont été destinés à cette carrière ; ils ont dû étudier les besoins de leur pays ; ils savent qu'ils entrent dans une assemblée composée de l'élite de la nation.

Gouverner un peuple est très difficile. Il s'agit de connaître et de discuter des intérêts nombreux et contradictoires ; d'une parole, d'un bulletin, dépendent, parfois, la fortune ou la ruine du pays, la paix ou la guerre.

Chez les peuples de race saxonne, les candidats s'adonnent à la science aride et complexe du libre-échange, du bimétallisme ; ils cherchent dans l'histoire, la raison des faits, s'inquiètent du patrimoine d'art et de gloire de leur nation.

Riches, ils ne seront pas obligés, une fois élus, de mettre le budget au pillage.

Ils ont le légitime orgueil d'être les ouvriers de la grandeur nationale, d'attacher leur nom à des réformes bienfaisantes.

Et lorsque leur valeur intellectuelle ne leur permet pas de tenir leur rang dans les discussions, ils obéissent toujours à l'idée que leur rôle est de faire leur pays puissant et prospère.

De plus, ce pouvoir législatif aura pour contrepoids un pouvoir exécutif respecté et fort.

※

Il serait impossible d'étudier le fonctionnement politique de chaque nation.

Il faut se borner à regarder ce qui se passe en France, mais en faisant bien remarquer que cette étude intéresse au même degré les autres pays, parce que la France est précisément la Terre du suffrage universel. Maître absolu, il a donné chez elle les résultats qu'il donnera plus tard dans les autres contrées.

Les peuples en train de se laisser envahir par les juifs et dominer par les politiciens peuvent, en étudiant la décomposition de la France, suivre comme dans un miroir, le sort qui leur est réservé.

※

En France, les politiciens se recrutent en majorité parmi les avocats et les médecins à clientèle insuffisante, c'est-à-dire parmi des gens médiocres que les besoins de leur profession confinent dans des études étrangères à la politique.

L'autre part se compose de journalistes, de ratés, et de quelques grands seigneurs ou gros industriels. Ces derniers sont, d'ailleurs, anihilés dans un milieu de bavardages enflélés, et ne rendent aucun service.

Ce recrutement explique la quantité énorme de

candidats, chacun se croyant tout aussi désigné que son voisin.

En effet, rien ne recommande le futur élu.

Pris, par orgueil ou par paresse, du désir d'être député, il s'abouche avec des courtiers électoraux, use de se son bagout et de ses relations, et est nommé sans autre raison que son savoir faire dans ce genre de tripotages.

*
* *

Il ignore son nouveau métier : il n'a pas besoin de le connaître.

Lui sait qu'il va dans une Chambre se composant, par moitiés, d'incapables et de faiseurs, avec une trentaine d'hommes de talent et de bon vouloir noyés sous ce double flot.

Décidé à ne jamais monter à la tribune, enrégimenté sous les ordres d'un chef, parqué, étiqueté, il ne demande qu'à trouver une interruption pittoresque que reproduiront les journaux. Cela chatouillera sa vanité et celle de ses électeurs.

Quant aux besoins du pays, aux questions commerciales, artistiques, historiques ou financières, il les ignore, il n'a eu ni le loisir, ni le désir de les étudier.

Il prend sa place au gouvernement, tranquillisé par la sottise de ses collègues qui, comme lui, ne s'amusent guère qu'aux intrigues de couloir ; son ignorance se perd dans l'ignorance des autres ; il

7.

marche derrière un chef qui n'en sait pas plus que lui, mais parle avec plus d'aplomb.

D'ailleurs, il ne représente même pas les électeurs de son arrondissement. Il a été choisi et nommé par une dizaine de comités, fonctionnant sans raison ni contrôle, et composés de fainéants de villages, ou de beaux parleurs de cabarets, dont le bavardage entraîne le vote de campagnards ahuris, d'ouvriers syndiqués, qui les méprisent et qui les suivent.

Une réunion de pareils députés ne peut s'élever au-dessus des conceptions de la foule ; elle finit par se diviser en deux camps : celui qui tient la caisse, et celui qui désire la tenir.

De là, cette nuée de fonctionnaires créés par un parti lorsqu'il gouverne, et doublés par la faction qui la remplace.

De là, cette distribution extravagante des portefeuilles qui place des pharmaciens à la marine et des greffiers à l'agriculture. Il ne s'agit pas de servir le pays, mais d'apaiser le plus d'appétits pour résister aux exigences coalisées. On fait, d'abord, la part des compétiteurs les plus redoutables, la bonne gestion des affaires passe après ces arrangements.

De là, surtout, cette main mise du pouvoir législatif sur tous les corps d'état qui viennent chercher près de lui ces honneurs et ces profits qu'ils demandaient auparavant à leurs propres administrations.

※

Aujourd'hui, tout dépend du délégué d'une poignée d'électeurs. C'est à lui que devront s'adresser le penseur, l'artiste, l'officier, l'explorateur, le prêtre.

Pour être un grand savant, un grand lettré, un grand général, un grand peintre, un bon ingénieur, il faut posséder du talent, avoir fait ses preuves ; pour être au-dessus de cette élite, lui donner des ordres, il suffit d'être choisi par quelques campagnards.

Car ce député qui ne sait rien, dirige tout.

Dans un pays où l'on ne peut pas citer un ministère qui n'ait pas été à la merci de vingt voix, les ministres sont obligés d'écouter le plus obscur représentant.

Celui-ci n'a aucune raison d'avoir une parcelle de pouvoir, il l'a tout entier.

Il a su, étant conseiller municipal, jouer de l'assistance publique, ou remuer la matière électorale, cela suffit pour que toutes les forces du pays lui soient soumises.

※

En revanche, laissé sur le carreau, il ne compte plus. Du coup, il est noyé nans l'ombre.

Aussi, pour conserver leur situation, les gouvernants renient, sans le moindre scrupule, leur programme, subordonnant tout aux élections prochaines.

Dans un but électoral, on crée des fonctionnaires par fournées ; les grands travaux publics sont électoraux, la Justice est électorale, la guerre même. Au lieu des guerres dynastiques, on a des guerres électorales. Les certificats de médecin sont électoraux, les conseils de révision, le creusement des égouts, les lits d'hospice, les mois de prison et les croix d'honneur.

*
* *

On s'imagine la quantité d'énergie qui se perd par ce fait que tout dépend de la politique.

L'Industriel, l'écrivain, l'inventeur sont chambrés par le politicien.

Avant de savoir si une chose est un élément de prospérité et d'avenir, il faut savoir si elle ne dérange pas les projets du ministère. Parce que si cette chose, quelle qu'elle soit, ne servait pas les intérêts du ministère actuel, elle aurait aussitôt contre elle toute l'Administration, c'est-à-dire qu'elle serait étouffée dans le réseau aux mailles toujours plus serrées que forment les fonctionnaires.

Et le danger de cette subordination de toutes les forces aux vilenies de la politique est d'autant plus grand en France, qu'ici il n'existe pas de contrepoids : le pouvoir exécutif n'est qu'un jouet entre les mains des députés et des sénateurs.

*
* *

Les premières lois édictées par les Délégués du Suffrage universel maître suprême, ont placé la justice officielle sous la férule des députés.

Quelques vieux magistrats se sont rebiffés, d'abord. Les jeunes, comprenant leur époque, se sont rués vers l'avancement entrevu, ravis de le payer à si bon compte.

Aujourd'hui, aucun marché ne rebute les juges : ils sont devenus des fonctionnaires, et n'ont même plus cette tenue qui, autrefois, remplaçait au moins, chez eux, la dignité.

Puis on s'en est pris au clergé séculier.

Trahi par les Jésuites, vendu par des évêques bien triés, il n'a pas su se défendre et, après avoir été taquiné pendant vingt ans, s'est rallié, s'est prosterné, s'est aplati.

*
* *

L'armée s'est courbée à son tour.

Car la politique a fait, là aussi, son œuvre néfaste.

Il était impossible que, le pouvoir législatif devenant le dispensateur des honneurs et de l'avancement, certains officiers n'allassent pas à lui.

Ils y sont allés, malgré l'aversion qu'on leur inspirait et qu'ils inspiraient.

Et on a vu des généraux s'incliner, bien humbles, devant des élus du suffrage universel qui patronnent ouvertement des journaux où l'armée est traînée dans la boue.

Pendant quinze ans on a pu lire sur des feuilles inspirées, subventionnées, rédigées par les ministres, des injures odieuses; le drapeau était traité « d'ignoble loque », les officiers « d'innomables brutes ». A propos de l'affaire Dreyfus, les gouvernants ont fait vomir sur l'armée des calomnies et des infamies sans nombre. Ils n'ont pas caché qu'ils se servaient de ce scandale pour déshonorer l'armée.

Non seulement les officiers ont accepté cela, mais les chefs font antichambre chez les protecteurs officiels de leurs insulteurs.

***

Depuis le commencement du monde, les armées ont souvent soutenu de mauvaises causes, exécuté des coups de force contraires à l'équité ; mais ce qu'on n'avait jamais vu et qu'on ne reverra sans doute jamais, c'est le spectacle inouï de généraux courbés bien bas devant les insulteurs du drapeau, devant ceux qui cassent les arrêts de la justice militaire, pour qui la haine de l'armée est un principe constant, qui ont inscrit sur leur programme la suppression des armées permanentes, qui comptent, enfin, comme des victoires, l'élection des sans-patrie.

***

Chose bizarre ! Le pouvoir législatif, si inquiet au

début, conscient de sa tare originelle, prêt à tout concéder pour vivre, a rencontré, chez les forts comme chez les humbles, une soumission aveulie.

Les politiciens ont mis longtemps à se croire les maîtres absolus. Entourés de mépris, ils ne pouvaient s'imaginer que, devant leur puissance si absurde, si ridicule, les autres forces organisées s'effaceraient sans lutte.

Aujourd'hui, ils ont le cynisme que donne l'habitude du succès et, surtout, la constatation de la lâcheté profonde des ennemis.

Ils se partagent la curée, tranquillement, ne se redressant que si les cris des rares troubles-fêtes deviennent menaçants. Alors ils montrent les dents et les assaillants se taisent.

Pour excuser cet extraordinaire effacement devant les politiciens, les grands chefs civils et militaires, gardiens désignés du patrimoine national, répondent :

« Nous sommes, en effet, persuadés que la patrie « est très mal gouvernée, mais nous obéissons à la « Loi ! ».

Y a-t-il une critique plus cruelle de notre société que cette constatation : elle est si mal équilibrée, elle a si peu d'énergie pour le Bien, qu'elle est obligée d'obéir, même à des ignorants et à des fripons ! N'est-ce pas l'explication des désillusions actuelles ?

Mais la Loi ne doit pas être un fétiche devant lequel on se prosterne stupidement, un drapeau destiné à couvrir les pires marchandises !

Il était utile de renverser les autels pour les remplacer par la tribune des députés !

On a le droit, le devoir, d'exiger des garanties de ceux qui rédigent le Code, sans cela on retourne aux extravagances des religions ! Si vous en confiez l'établissement à des êtres que rien ne désigne à cette fonction, il sera injuste, cruel, très dangereux !

*
* *

Comment ! C'est aux textes fabriqués par une association d'appétits furieux, de médiocrités grossières sorties du fond des provinces, que doivent obéir l'armée, la science, la foi ?

Mais les lois dictées par ces élus ne peuvent représenter que des exigences sans vergogne, imposant aux vaincus de la minorité toutes les férocités d'une bande triomphante !

Il est par trop fou de prétendre aller vers un état social bienfaisant en ayant des guides pareils !

*
* *

S'il faut une règle, faites-la établir par des citoyens offrant un passé d'honneur et de vertu, fournissant la preuve de leur aptitude à gouverner, par des hommes pondérés, instruits, et non par un ramassis de bavards élus par des pédants de cabaret !

**

Dans tous les pays, à mesure que le suffrage universel devient plus puissant, les parlements sont plus mal élevés, poussés par de plus louches sentiments.

Il suffit d'avoir assisté à une séance de notre Chambre pour comprendre que cette assemblée ne peut pas produire une œuvre de justice et de raison, car elle est composée d'hommes tous de parti pris, essentiellement injustes !

Au moins, dans les académies ou dans les salons, on a chance de tomber sur des français de savoir et de bon vouloir ; là-bas on est sûr d'avoir affaire à des agités que mèneront seules leur ambition et leurs haines.

**

Ainsi, lorsque, suivant la pente fatale, les Chambres ne reflèteront plus rien que les désirs d'une majorité ignorante des traditions nationales, des nécessités du budget, des relations extérieures, des évènements à prévoir, résolue à imposer sa volonté parce qu'elle est souveraine, lorsque les députés seront tous nommés avec unique mission de monnayer les forces de la Patrie pour les partager entre les électeurs triomphants, les corps d'État s'inclineront encore, obéiront à ces pillards, protégeront leur œuvre de dévastation?

Lorsque les gouvernants voudront mettre la main sur les chemins de fer, sur les usines, sur les mines, ou rétablir les jeux, ou vendre le Domaine, les pouvoirs publics s'inclineront toujours ?

S'il leur plaît de désorganiser encore davantage l'armée ou la marine, de décréter le service de six mois ou de désarmer les navires pour des raisons budgétaires, ceux qui représentent l'ordre établi des choses s'effaceront sans un murmure, sous prétexte que c'est la Loi ?

Quelle étrange compréhension de leur mission de salut et de gloire !

En tous cas, il faudrait savoir où s'arrêtera leur obéissance aux politiciens.

Admettent-ils la liquidation du pays ? Ne tenteront ils jamais d'empêcher la complète débâcle ?

Dans ces conditions, les assemblées redoutent tout ce qui peut changer un état de choses qui leur procure des joies inespérées.

Aussi les ministres sont-ils toujours félicités quand ils replient le drapeau devant un danger.

Si, par hasard, on augmente notre empire colonial, c'est pour y placer des fonctionnaires dont l'unique souci est d'empêcher les colons français de s'y établir.

Notre façon de coloniser, fait d'ailleurs, la joie des autres nations.

Il est de notoriété courante que nos entreprises coloniales ont pour seuls buts de donner des emplois aux protégés des politiciens, et de permettre aux brocanteurs juifs et aux missionnaires anglais d'exercer plus librement.

Il faut avoir habité une colonie française pour savoir la férocité des taquineries que font subir aux colons des fonctionnaires qui ne trouvent pas d'autre moyen, sans doute, de montrer leur utilité.

***

L'avilissement du pouvoir amène toujours un détraquement des mœurs et des idées.

Le travail régulier, l'avancement dû au mérite, à l'âge, s'effacent devant la chance des relations. Chacun veut parvenir comme sont arrivés les chefs, par l'intrigue, l'aplomb envers les uns, l'obséquiosité envers les autres, par l'attisement des passions, le bernage des mots.

La vanité des petits, exaspérée de voir l'attention publique accaparée par des députés lamentables, cherche toutes les occasions de s'imposer à son tour.

De pauvres diables voués à l'obscurité par leur médiocrité navrante, fondent des ligues, des comités, inondent les journaux de réclames, s'agitent désespérément.

La foire aux vanités est devenue une cohue.

Dans les arts ou dans les lettres, des coteries organisent une sorte de croisade contre le sens commun.

Les intellectuels en sont arrivés à désirer des sensations extravagantes, à ne se plaire qu'aux études macabres ou déliquescentes.

Derrière eux, courent à la recherche d'un « frisson nouveau », des niais à la figure desquels on a toujours envie de jeter un sceau d'eau fraîche.

*
* *

Les vices profitent de cet état d'esprit; ils prospèrent à l'abri de la politique.

Sous le second empire, on comptait environ deux ou trois mille souteneurs, vulgaires bandits en casquette et en haillons qui s'embusquaient, la nuit, pour surveiller leurs compagnes.

Aujourd'hui, chacune des 80.000 prostituées de Paris entretient son homme. Et cet homme ne se cache plus, ne redoute rien. Il est bien mis, insolent, fréquente les endroits publics, protégé par la police.

Il terrorise la capitale, la rue lui appartient ; les journaux célèbrent ses exploits.

On a essayé une vague loi, tombée aussitôt sous le mépris de ceux qu'elle visait, car ils sont sûrs d'eux, étant électeurs, éligibles, orateurs écoutés des réunions publiques, choyés des candidats.

La province a suivi l'exemple, les grandes villes

sont salies par cette infection : pas plus qu'à Paris la police ne les inquiète, ne s'éloigne d'eux. Au contraire.

***

Cependant, pour construire des routes dans nos colonies, ne vaudrait-il pas mieux employer cette racaille que nos petits soldats ?

On essayerait ainsi la réhabilitation par le travail et l'épargne, et non la punition par la prison.

Obligés de peiner comme des tâcherons, produisant beaucoup, ces relégués seraient payés de façon à posséder un ou deux milliers de francs pour s'établir à leur libération, et les colonies comme Madagascar, sillonnées de routes, gagneraient mille pour cent.

Mais on se moque bien de cela !

On élève l'enfant en vue du vote à émettre ; on le protégera s'il vote bien, et on le persécutera s'il exige de ses élus d'être autre chose que des délégués à la pâtée.

***

Rien n'est plus dangereux que de subordonner le fonctionnement de la justice aux caprices de la politique, parce que ce qui devrait être la force indiscutée, devient la fantaisie de poltrons et d'ambitieux.

On traque la fille des rues, qui a généralement bon cœur, que la maternité ou l'amour peuvent relever, et on respecte le souteneur, pourri jusqu'aux moëlles, parce qu'on le redoute soit comme électeur, soit comme bandit.

La loi s'arrête devant ces malandrins de 20 ans qui, par paresse, par bravade, parfois pour le plaisir, pillent ou assassinent. Chaque nuit, des passants inoffensifs sont lardés de coups de couteau par des malfaiteurs adolescents. Si l'on poursuit les coupables, ils sont condamnés à 2 ans de prison, dont ils feront à peine le tiers.

A leur rentrée dans leur milieu, ils recommenceront, naturellement.

Aussi, le nombre des crimes augmente dans une proportion à peine égalée par celle de la jeunesse des criminels.

Il faudrait que la Force fut vraiment forte, et que la Justice fut vraiment juste.

Or, le pouvoir hésite et le juge prêche.

Le cabotinage du crime provient du cabotinage de la justice ; les théories humanitaires et scientifiques, en voyant un détraqué irresponsable, une victime sociale, dans l'abject gredin qui joue du couteau pour se distraire, ont causé une énorme recrudescence des meurtres et des vols.

La société a le devoir de venger le brave homme attaqué par des vauriens.

Les intellectuels qui pleurent sur le sort du souteneur condamné à mort, et les politiciens qui le grâcient, feraient mieux de punir le coupable en le frappant comme il a frappé, sans discussion et sans remords.

La vie de l'honnête homme n'est pas trop payée par la vie de l'assassin, et puis, dix exécutions sommaires de bandits, sauveraient cent existences de braves gens.

En traitant les malfaiteurs en malades, on prépare l'anarchie.

De quelque nom qu'on déguise la peur du criminel, elle demeure un méfait social.

La Justice ne doit pas reculer devant son œuvre de revanche, car sa mission de venger le Bien est la seule garantie accordée aux bras faibles et aux cœurs confiants.

La sensiblerie des politiciens qui ne peuvent voir souffrir un coquin, et n'ont un regret ni pour ses victimes, ni pour les milliers de pauvres diables écrasés par le veau d'or, ou tués par le labeur formidable qu'exige l'organisation actuelle du travail, est la plus misérable des comédies.

Bien entendu, autour de chaque homme politique grouille une bande de sous-politiciens aspirant à vivre, comme lui, du travail des autres.

Ils chantent sa gloire et organisent son triomphe, sachant que, là seulement, il y a une source de fortune pour les paresseux et les médiocres ; qu'il est d'usage de récompenser leur genre de dévouement ; qu'on jettera à la rue des employés besogneux, et qu'on refusera de sortir de la misère la veuve d'un héros, pour leur donner un emploi qu'ils ne sont même pas capables de remplir.

Quant au miséreux, il se sert de sa carte d'électeur pour solliciter un secours ; l'assistance publique n'est pas faite pour les pauvres, mais pour les députés et les conseillers municipaux.

***

Avec ce besoin de donner sans cesse des places à leurs amis, la seule question importante pour nos représentants est de trouver de l'argent.

Le budget des dépenses augmente toujours ; il faut, à tout prix, augmenter les ressources.

Ils ressemblent aux prodigues qui gèrent mal leur fortune, et traqués par leurs créanciers, en arrivent aux pires compromis.

Pour avoir de l'argent, les politiciens ont écrasé d'impôts les contribuables. Il ont attaqué les congrégations ; ils passeront ensuite au revenu, aux usines, aux chemins de fer.

Ils se donnent beaucoup de mal pour qu'on prenne au sérieux leurs raisons. Ils entassent les discours et en tapissent les rues, pour faire croire qu'ils obéissent à des principes.

Nul ne s'y trompe ; leurs lois fiscales sont des expédients auxquels ils sont acculés par leur mauvaise gestion financière.

Ils iront jusqu'au bout, jusqu'à la ruine complète.

Espérer que cette toute-puissance s'assagira, que cette poussée s'arrêtera avant la culbute, serait folie.

Si en Amérique ou en Allemagne le peuple imposait réellement sa volonté au moyen de comités ayant une action constante sur l'élu, il en serait ainsi, et partout ailleurs.

Tant que les délégués prennent contact avec leurs électeurs tous les cinq ans seulement, et encore pour leur payer à boire ou les grouper autour d'une idée, ces délégués peuvent garder leur indépendance, agir pour le bien du pays.

Mais lorsque les députés sont surveillés de près par les comités qui exigent, parfois, cette chose extraordinaire : le mandat impératif, ils deviennent des pantins entre les mains qui les étreignent, ils ne sont plus libres ; ils doivent sacrifier aux appétits de leur clientèle les intérêts de la nation.

***

Le député qui mettrait en balance les destinées de la France et les besoins de son arrondissement, serait battu honteusement à la prochaine élection par un concurrent prêt à tout subordonner aux désirs de ses deux milles concitoyens.

C'est une des raisons de la marche affolée de

notre politique; elle ne risque pas d'aller droit, elle ne sait pas où elle va, elle obéit aux caprices du corps électoral.

Les peuples chez qui le suffrage universel n'est pas le maître absolu, sacrifient les calculs particuliers à l'intérêt général; ceux où l'on applique ce suffrage dans sa beauté en sont réduits à sacrifier la grandeur du pays à d'infimes considérations.

Le chantage est organisé.

Les députés font chanter les ministres obligés de céder sous peine d'être renversés ; les comités font chanter les députés réduits à les servir pour être réélus; et le gros électeur lui-même exige des comités les plus misérables besognes.

Tout ce monde veut vivre de la fortune publique ; il est assis à la table ; il exige sa part du gâteau !

*
* *

Le résultat logique de cette curée est un hypocrite socialisme d'Etat qui place toutes les forces nationales sous la tutelle des gouvernants et de leurs créatures, un fonctionnarisme tracassier s'étendant sur tous et sur tout, pressurant ceux qui ont un autre idéal que d'être fonctionnaires, ne respectant que l'or juif auquel les politiciens ne touchent jamais.

Si rien n'arrête la marche régulière de ce fléau, dans trente ans il n'y aura plus en France que des employés, et de rares travailleurs suant sang et eau pour les nourrir.

Déjà les grandes propriétés foncières et les grosses fortunes se font très rares, écrasées par des impôts formidables. Les Juifs seuls peuvent se permettre la vie des seigneurs d'autrefois.

La société actuelle tend à l'égalité dans la médiocrité, l'Etat prenant aux indépendants de quoi entretenir ses serviteurs.

Cette médiocité obligatoire sera la fin du bien des choses et, en particulier, des industries de luxe et des grands mouvements d'argent permettant les grands efforts d'art.

Un fonctionnaire, si important soit-il, n'achète pas un tableau de maître ou un groupe de marbre. L'Etat aura donc seul la charge de protéger les arts.

Or, un gouvernement qui représente vraiment la majorité des électeurs, leur doit de professer l'indifférence la plus absolue du Beau.

Le nôtre l'a même en horreur.

Les visiteurs du Musée du Louvre qui ont vu les box d'écurie où sont accrochés les Rembrandt et les Gérard Dow, savent seuls à quel degré d'inintelligence artistique peut descendre une administration officielle.

Les puissants se méfient toujours de ceux qui

échappent à leur contrôle ; c'est une nécessité pour eux de tenir, d'asservir.

Une nation pliée sans cesse vers des devoirs mesquins, soumise à l'action incessante des petits tyrans qui la courbent vers de petites choses, devient incapable d'un de ces mouvements libérateurs dont l'histoire des peuples fiers offre tant d'exemples.

Quand chaque famille aura un fils employé de l'Etat ou aspirant à l'être, la masse n'obéira plus aux révoltes de jadis : elle se laissera tondre et avilir, pourvu que les fils gardent leur emploi ou en obtiennent un.

Le fonctionnarisme est un abêtissant des plus efficaces; par lui, se rétrécissent l'âme et le corps ; il empêche les ambitions nobles, les tentatives originales. Il ne pouvait donc qu'être favorisé par les politiciens.

Il l'est. Depuis 1870 le chiffre des fonctionnaires a presque triplé — et il y en avait déjà trop.

Il est inutile d'insister sur les effets abominables du parlementarisme pratiqué comme il l'est chez nous.

Même ceux qui en vivent n'osent le défendre.

Les races froides sont en train de nous supplanter. La seule raison est dans ce fait que nous sommes conduits par des hommes sans autorité, sans valeur, tandis que nos rivaux sont dirigés par une aristocratie qui sait voir et vouloir.

Aucune fortune ne résiste au gaspillage, à la sottise et au vol.

Les nations latines n'étaient pas en décadence au commencement du siècle dernier; sans le suffrage universel dix lustres n'auraient pas suffi pour faire agoniser des peuples qui, depuis deux mille ans, ont connu des révolutions formidables.

Après Waterloo, un désastre pire que Sedan, la France demeura glorieuse et estimée. Jusqu'en 1870, le drapeau tricolore fut salué dans le monde, avec cette sympathie émue réservée au symbole des nobles idées et des crânes vertus.

Depuis 25 ans notre influence diminue sur le globe parce que les députés ignorent même qu'elle existait ; le souci d'un tripotage électoral est, pour eux, bien plus important que les droits de la France à l'étranger.

Pourquoi s'inquiéteraient-ils de notre héritage de gloire ? Ils représentent des appétits, rien autre.

Les électeurs ne se groupent pas en comités et en sous comités, ne font pas souvent deux lieues pour voter, ne préparent pas quatre ans de suite une élection, afin de donner plus de prestige au nom français ou plus d'équilibre au budget.

Ils cherchent des récompenses immédiates, des places, des honneurs.

N'ayant d'autre programme que sa réélection, l'élu ne sait pas où il s'arrêtera dans la voie qu'il a vaguement choisie, prêt à demander la grève générale ou la fusillade des grévistes, suivant ce que cela sert ses intérêts électoraux.

Si l'un de ses amis est ministre, et qu'il puisse ainsi obtenir des faveurs pour son clan, il se fera ministériel, le ministre eut-il une politique opposée à celle prônée, par lui, naguère. D'ailleurs, dans ce cas, ses électeurs l'approuvent complètement : celui-là comprend sa mission !

*
* *

Les historiens, qui ont besoin d'écrire des volumes, vont chercher cent raisons au plus banal phénomène ; mais pour celui qui suit, de haut, la vie de notre planète, rien n'est plus naturel, plus simple.

Il en est d'un Etat comme d'une maison : une mauvaise direction le ruine, une bonne direction l'enrichit. Un peuple gouverné par l'élite intellectuelle et morale prospèrera toujours ; livré à une bande d'aigrefins, il est perdu !

Avec un budget toujours plus lourd, une nuée de fonctionnaires insupportables, des chefs occupés exclusivement de leur coterie, un changement perpétuel de dirigeants, une politique qui consiste à s'attacher les uns par des décorations et à tenir les autres par des menaces, avec la grève en permanence, le détraquement de tous les échelons sociaux, une nation s'affolle et meurt.

Chacun le voit, en est persuadé.

Mais il est inutile de demander à des hommes de renoncer à un état de choses qui leur procure honneurs et profits.

Jamais les députés, si pénétrés soient-ils de leur impuissance, ne consentiront à renier le suffrage universel dont ils émanent.

Pourtant cette impuissance est indiscutable.

Les premiers chefs de l'opportunisme répétaient :
— Il faut aboutir

Il y a de cela 20 ans. A quoi ont-ils abouti ?

Ils ont triplé les impôts, amené quarante mille Juifs affamés. La misère, l'alcoolisme, la passion du jeu se sont répandus partout. Les enfants encombrent les prisons. Il se commet beaucoup plus de crimes qu'il y a 40 ans, et on compte trois fois plus d'aliénés.

Et, certes, les ministres ne peuvent pas se plaindre qu'ont les ait gênés. Ils ont pu proscrire et persécuter à leur aise : jamais un mouvement de dégoût chez les officiers, une hésitation chez les magistrats !

Ils ont accumulé les dénis de justice, et gaspillé à plaisir l'argent public !

Quand il leur est arrivé, comme pour l'Egypte, de laisser voler à la France une partie de sa fortune, nul n'a réclamé.

Nous étions les maîtres en Egypte, nous avons été remplacés. C'est tout.

Pas un ministre n'a été inquiété. On ne sait même pas qui nous a coûté ce merveilleux domaine.

*
* *

Il était impossible que le vote de tous n'amenât pas ces résultats. Sur un grand navire, si les officiers, le timonier et le sommeiller étaient choisis au suffrage universel, le bateau ne parviendrait jamais à bon port, quelque solide que fut la carcasse. Et pourtant un matelot s'entend plus aux choses de la mer qu'un maçon au libre échange !

*
* *

La découverte de la direction des ballons amènera fatalement, et à bref délai, la transformation complète de la guerre, la fin des armées puissantes par leur nombre et leur artillerie.

Cent cinquante ballons pareils à ceux qui, déjà, vont à un point donné et en reviennent, et qui porteraient chacun un obus de 50 kilogs de dynamite ou de pétrole, anéantiraient vite une ville ou un camp.

Un groupe de ballons plus gros, pouvant porter

100 ou 200 kilogs et aller plus loin que les premiers, feraient de Londres, en quelques nuits, une ruine.

Ce n'est pas l'avenir lointain, cela, c'est demain, c'est ce soir !

Il va donc y avoir un bouleversement, une révolution.

Pour la diriger il faudrait des chefs intelligents, un peuple courageux et riche.

Or, nos gouvernants semblent avoir pris à tâche d'aviver nos discordes ; les trafics électoraux sont leurs seuls soucis, et ils ont remplacé par du mauvais papier, l'or des caisses d'Epargne.

On ne saurait donc avoir en eux la moindre confiance.

Mais si, par hasard, il se trouvait un ministre capable de rendre des services, de par la loi parlementaire il serait obligé de quitter le pouvoir dès qu'un de ses collègues cesserait de plaire aux députés ; il serait remplacé par le délégué d'un groupe exigeant sa part de commandement dans le nouveau ministère.

Nul ne s'inquiètera de savoir si ce remplaçant est de taille à continuer l'œuvre de son prédécesseur, s'il a les mêmes idées, s'il possède une vague teinture des connaissances nécessaires. Il représentera les appétits de son groupe, comme ce groupe représente les appétits de ses électeurs. Rien de plus.

Pendant ce temps, les autres peuples obéiront à des maîtres ayant fait leurs preuves, choisis parmi l'élite du pays, appartenant depuis longtemps à leur carrière, soutenus par leur foi en une nation dont ils incarnent les traditions et dont ils connaissent les besoins.

**

Cette différence dans la conduite des affaires suffit à indiquer le résultat définitif.

Et, vraiment, lorsqu'on réfléchit à notre façon de gouverner qui met toutes les forces sociales sous la domination d'avocats et de médecins sans la moindre valeur, remplacés dès qu'ils sont un peu au courant, on se dit que la France était une fière nation pour y avoir résisté si longtemps !

**

Chose plus terrible ! Il est impossible d'espérer un arrêt dans la dégringolade !

A chaque élection on constate que la Chambre nouvelle vaut moins que l'ancienne.

C'est que l'électeur commence à savoir jouer de son bulletin de vote. Il est comme le gouvernement qui l'incarne, il se moque de l'avenir ; il exige de son pouvoir des résultats immédiats, égoïstes, dut-il leur sacrifier les glorieuses traditions.

Chez les paysans, lents à renoncer aux vieilles coutumes, il reste encore une certaine pudeur de voter pour un homme sérieux, honorable.

Les centres où l'ouvrier domine se méfient des supériorités, et n'élisent jamais que des bavards sans le moindre prestige.

Les paysans les suivront bientôt dans cette voie. On peut prévoir qu'avant trois législatures la majorité sera composée d'élus non seulement sans passé et sans talent, mais sans instruction, sachant à peine lire et écrire, égaux à la masse des paysans devenus, eux aussi, conscients de leur puissance.

Et cette majorité exigera, à son tour, des places et de l'argent ! Elle arrivera les dents longues. Aucune considération ne l'arrêtera. D'ici vingt ans on mettra en vente les tableaux du Louvre.

Déjà, d'ailleurs, les gouvernants insolents, féroces, reflètent l'état d'âme des comités électoraux.

Il serait comme ses députés, lui, le bon électeur, le villageois qui dirige la politique au cabaret, ou le citoyen qui discute chez le marchand de vins la question sociale.

S'il arrivait à son tour au pouvoir, il serait comme les maîtres actuels, impitoyable aux faibles, goujat envers les vaincus, ne voyant dans son nouveau rôle que le droit de faire ce qui lui plaît, mettant toutes les forces de l'Etat au service de ses propres intérêts.

Dès qu'on donne à l'humble une parcelle de pouvoir, il en abuse. Dans la rue, le manœuvre qui, pour 20 sous par jour, un bâton à la main, écarte les passants du trottoir, a des gestes autoritaires et de grossières menaces si on lui désobéit.

Il ne s'occuperait des sciences et des beaux-arts que pour les courber sous les mesquines exigences de la politique.

Il serait ignorant, prétentieux, antiartiste, rancuneux, intolérant, encombrant, insupportable.

Il serait surtout cynique, cynique vilainement ;— il emploierait, pour conserver le pouvoir, les façons et les abus qu'il flétrissait avant son triomphe.

***

Malgré tout cela, il est inutile de se demander quel ordre de choses pourrait remplacer ce mode de vote : le suffrage universel.

Il s'est imposé, il durera longtemps. Il permet trop bien le développement des passions les plus humaines : la vanité, l'égoïsme, la jalousie.

Chercher une forme de gouvernement qui n'émanerait pas de lui serait une sottise.

Il fait partie du progrès, — de ce progrès qui passe, brutal et aveugle, ramenant sans doute les hommes au chaos d'où ils sont sortis !

***

Mais s'il est impossible de refouler ce flot, on peut l'endiguer, le canaliser, le rendre moins dangereux, comme en Amérique ou en Allemagne.

Si on ne peut choisir l'électeur, on peut choisir l'élu.

La loi qui supprimerait le suffrage universel là où il est établi serait le signal d'une révolution, — et là où il ne l'est pas encore, il s'imposera, quelque invraisemblable que cela soit après ses résultats chez nous.

Mais le décret qui règlerait les conditions où il s'exercerait avec le moins de danger possible, passerait aisément.

C'est donc de l'élu qu'il faut s'occuper, c'est lui qu'il faut transformer.

**

Avant tout, dissoudre ces comités de tyranneaux et de hableurs de réunions publiques qui exploitent le suffrage universel comme on exploite un champ.

Ensuite, obliger le peuple à choisir des représentants qui lui offrent des garanties.

**

On éloignera autant que possible l'élu de l'électeur. Que cet élu ne se mette plus au service de son mandant, qu'il soit assez riche pour ne pas chercher un appui financier fatal à son indépendance future.

Il faut revenir au scrutin de liste, et au scrutin de liste par régions de 3 ou 4 départements réunis : le morcellement de la carte politique est la principale cause du gâchis.

Huit ou neuf députés par région et, obligatoirement, habitant la contrée.

Chaque département compte une demi-douzaine de notabilités d'intelligence ouverte et de bon vouloir éclairé, qui ne prennent pas, comme le peuple, des mots pour des idées et du bruit pour de l'action.

On formera aisément une liste de gens indépendants, assez près de leurs électeurs pour connaître leurs besoins, et assez loin pour ne pas être à la merci des Comités.

La Chambre doit représenter des principes et non des appétits, on doit y discuter les aspirations de la masse et non y recevoir ses ordres.

*
* *

Il faut aussi une loi obligeant le parquet à poursuivre, d'office, les journaux qui accusent les hauts fonctionnaires de fautes contre l'honneur et la probité. Il est inadmissible que des chefs chargés de guider des millions d'hommes demeurent sous le coup d'accusations directes.

Si on les a calomniés, qu'on punisse leurs insulteurs, si on prouve leur infamie, qu'on les frappe sans pitié !

*
* *

Il faut surtout qu'il se forme dans le pays une

aristocratie qui gardera les saines traditions loin des fluctuations, des stupidités et des vilenies de la politique.

Non plus une aristocratie sortie des hasards d'une conquête ou de la réussite de coups de bourse, mais une aristocratie ouverte, accessible à toutes les vertus, à toutes les énergies.

Le droit d'imposer sa volonté devrait toujours être confié à des citoyens rendus dignes de ce droit par leur éducation, leur passé, leur talent, présentant des garanties sérieuses, car, sans cela, les chefs feront ce qui est d'essence humaine, ils se serviront de leur autorité pour assouvir leurs appétits et leurs rancunes.

C'est vouloir avilir et anihiler la force que de la confier à des Juifs qui ne peuvent pas connaître les besoins d'une race dont ils ne sont pas, ou à des représentants de comités, élus parce qu'on les croyait capables d'être les domestiques de ces comités.

Prétendre supprimer la tyrannie en installant cinquante mille tyrans au lieu de dix, est d'une niaiserie criminelle ; les petits tyrans sont aussi intolérants que les gros ; ce n'est pas l'étendue de leur puissance qui fait les maîtres tracassiers ou cruels, c'est la conformation de leur cerveau, leurs habitudes, leur ignorance des bons sentiments.

En émiétant le pouvoir on ne divise pas la tyrannie, on la multiplie.

*
* *

La vanité est le mobile le plus commun et le plus puissant des actions humaines. L'homme est surtout fier de son intelligence ; le plus ignare, le plus borné des illétrés, a la prétention d'être intelligent.

La vanité inspire la jalousie, l'amour, la colère, les révoltes ; si l'ivresse fait sortir de leur servitude les plus vulgaires terrassiers, les plus piteux rejetés, ils cherchent à imposer l'attention par leurs cris et leurs menaces.

C'est ce vice formant les neuf dixièmes de la fange humaine, qu'on utilisera après l'avoir légitimé, anobli.

Que l'ambition de chacun consiste à jouer un rôle considérable dans la comédie sociale, rôle qui lui procurera une fortune et une gloire dont il aura le droit d'être fier.

Qu'on développe le culte de la famille, du foyer ; qu'on supprime le divorce, loi déplorable qui sacrifie l'avenir des enfants aux caprices de l'individu ; qu'on laisse le père maître chez lui ; qu'il y ait un milieu, un monde dont on ne puisse faire partie sans fournir la preuve d'une vie correcte, d'une éducation solide, d'une tenue physique et morale jamais démentie.

Qu'on fonde une caste rappelant cette bourgeoisie du moyen-âge qui fit la France riche et puissante, une caste qui savait remplir ses devoirs et défendre ses droits.

Cette Bourgeoisie a toujours été l'agent le plus actif de la prospérité de notre pays. Les grands rois l'aimèrent. A sa puissance correspondent les années fécondes de Charles V, de Louis XI, de Richelieu.

Par elle, la France se forma, puis, après les désastres, se retrouva. Elle était fière, solide, travaillait, priait, se battait.

Lorsqu'elle fut sacrifiée, la France devint la proie de la misère.

On doit réorganiser cette force, la consacrer, faire les premiers du pays avec les premiers de l'industrie, du commerce. On la recrutera aussi parmi les artistes, les penseurs, et on chassera les fils dégénérés malgré leur nom et leur fortune.

Si, en France, notre débâcle morale tarde à amener la révolution et l'anarchie, c'est que, les riches ne faisant presque plus d'enfants et les pauvres en faisant beaucoup, les plus intelligents de ces derniers prennent les places libres, deviennent des bourgeois.

Il y a là une soupape suffisante pour retarder la catastrophe.

Comme il obéit aux caprices de la politique, ce recrutement se fait d'une façon déloyale ; pourtant une nation aussi mal gouvernée que la nôtre semble encore se tenir grâce au fonctionnement de cette aristocratie ouverte, qui canalise les révoltes, apaise les ambitions dangereuses.

C'est l'application involontaire mais bienfaisante d'un système nécessaire au développement de toute société.

*
* *

La forme du gouvernement est indifférente ; le mot de République n'implique pas plus l'obligation de liberté que celui de Royauté ne signifie tyrannie.

Mais il faut un maître, un maître estimé et redouté. Dans le concert humain, le chef d'orchestre est indispensable.

Les réunions d'hommes éminents sont condamnées à la discorde et, de là, à l'impuissance, si une volonté suprême ne pondère pas les forces qui les composent.

La Convention rassemblait l'élite d'une Bourgeoisie admirable, des êtres merveilleux d'entrain et de savoir. Au bout de trois ans, malgré une œuvre gigantesque, décimée, affolée, elle dût disparaître dans l'indifférence générale.

Une Assemblée pareille gouvernée par un maître digne d'elle, eut assuré au pays un siècle de paix fertile.

Ce maître, avec la forme républicaine, doit être élu au suffrage de tous les habitants. Pour être fort il faut représenter l'élan de la nation et non les manœuvres d'un syndicat.

*
* *

Une autre nécessité : reléguer au second plan

cette insupportable cuistrerie qui prend si volontiers la qualité d'intellectuelle.

C'était un des paradoxes préférés de la fin du xixe siècle de montrer le maître d'école comme le préparateur des mouvements humains, le facteur le plus important de la civilisation.

Certes, l'intelligence est l'admirable supériorité de l'homme, on ne saurait trop la glorifier, la développer.

Par malheur, les pédants, qui pullulent, ne la développent guère ; ils ne réussissent qu'à exaspérer la vanité des enfants, et c'est le pire des services à leur rendre.

*
* *

L'être qui vit du cerveau est une très rare exception ; il est généralement voué à la misère et au dégoût. Or, on élève les enfants comme s'ils devaient être des cérébraux.

On leur apprend la syntaxe avec un soin ridicule.

Les élèves riches suivent des cours de philosophie, la science la plus décevante et la plus fausse du monde. Ils en sont encore aux divagations sur les attributs de Dieu, la prescience divine, le libre arbitre, le panthéisme, la métaphysique, bavardages inutiles et pâteux, véritable bouillie pour les chats.

Il faut fermer pour toujours les classes de philosophie, écoles de pédantisme prétentieux ; elles ont rendu des services jadis, elles sont dangereuses aujourd'hui.

Les conditions dans lesquelles se débat, entre dix fléaux, notre pauvre humanité, la difficulté de vivre, les changements dans nos relations terrestres, doivent pousser les enfants vers les voies pratiques.

Qu'il y ait des médecins, des ingénieurs, des érudits, rien de mieux ; la masse devra échapper à cette obsession de paraître qui fait tant de ratés et de besogneux.

Cette cuistrerie officielle a peuplé les villes au détriment des villages, les cabarets au détriment du logis.

La vanité des petits, surexcitée par un semblant d'instruction, leur fait préférer les discussions devant le comptoir des marchands d'absinthe, au silence grave des solitudes, aux charmes tranquilles du foyer.

L'ouvrier a ses journalistes chargés de lui mâcher la haine ; il croit saisir les théories socialistes parce qu'on lui en explique juste ce qui peut l'attirer ; il parle de tout sans rien connaître, et est berné sans cesse.

***

Une bourgeoisie riche et vigoureuse nous rendra aussi ce don français, disparu devant l'invasion juive : la bonne humeur.

Elle nous arrachera à cette bêtise triste et solennelle des politiciens, si en honneur depuis trente ans.

On peut avoir, à la fois, de la raison et de l'esprit ; on peut aimer à rire clair et savoir défendre ses intérêts.

Dès que la tête ne sera plus détraquée, le corps reprendra sa santé.

Tout se ressentira de la foi sereine des chefs. On préférera passer pour un homme ordinaire que pour un aigrefin de talent ; on aura le courage d'être un brave homme, un simple brave homme, sans autre prétention que d'accomplir l'œuvre pour laquelle il est né.

Ce qui fait la force des races saxonnes, c'est qu'elles ont un tempérament bourgeois; leur instinct leur fait comprendre la grande valeur des qualités de notre ancienne bourgeoisie qui était à la fois très pratique et très croyante, alors que nous sommes, nous, très sceptiques et très théoriciens.

Elles ont, comme l'avaient les corporations d'avant Louis XIV, la foi en leur droit, l'entêtement à l'imposer, le respect de soi-même, la certitude absolue que leur caste vaut mieux que les autres.

Se sentant le coude, sacrifiant l'individu au groupe, et faisant donner le groupe pour sauver l'individu, se reproduisant volontiers, ne redoutant rien, très fières d'elles, les bourgeoisies triomphantes ont toujours fourni des œuvres durables.

Elles se sont méfié des rhéteurs, des prometteurs ; elles demandaient leur fortune à leur travail, et leur gloire à leurs vertus.

Dans l'histoire on reconnaît leur trace à cette vigueur et à cette régularité dans l'effort qui semble aujourd'hui l'apanage des races neuves.

Après avoir été les maîtres du Monde, les prêtres du Beau, les premiers sur la route de l'Avenir, les peuples latins se sont vus désagrégés, pourris, par la politique qui, dans les pays de langue espagnole, a gangrené les armées, comme elle est en train de le faire en France.

Si les théories socialistes et les railleries impies du devoir avaient prise sur les peuples saxons, s'ils perdaient cette religion du Vrai qui fut la force des bourgeois, et qui est la leur ; s'ils devenaient sceptiques, gouailleurs, discutant le Bien, se noyant, comme nous, dans les abstractions, ils se désagrègeraient à leur tour.

Quand les politiciens auront mis la griffe sur les pays neufs, y domineront et y régenteront l'armée, l'industrie, la religion, l'art, ces peuples, forts à présent, seront voués au gâchis et à la banqueroute !

**

Dans une étude on voudrait trouver la contrepartie des critiques ; il semble impossible que, sur le fumier de cette décadence, il ne pousse pas une fleur d'espoir et de justice.

Pourtant on cherche en vain quels services a pu rendre ce despotisme des hommes politiques; on cherche même à quelle partie de l'organisme il n'a pas été fatal.

**

Lorsqu'on traverse le merveilleux pays de France, si fertile et si clément, dont les échos ont répété, durant des siècles, des chants de victoire et des chansons d'amour, on est pris de colère contre la bande qui a changé, en si peu de temps, les conditions de cette terre bénie.

Il y a seulement soixante ans, les villes et les villages égrenés sur les rives des beaux fleuves ou sur les rochers superbes, étaient habités par des hommes qui tressaillaient aux fières idées, qui croyaient au grand rôle et au grand avenir de leur pays.

La famille était le refuge contre les désillusions fatales ; on célébrait la gloire et les vertus des aïeux ; on riait, on rêvait.

Les braves gens passaient pour supérieurs aux aigrefins.

On était bien élevé et on élevait bien ses enfants.

Les juifs, sordides et chassieux, venaient offrir leur camelotte avec de grandes marques de platitude, et on eut bien étonné les soldats d'Austerlitz en leur annonçant que leurs remplaçants seraient commandés par des employés de la Juiverie.

Les généraux, les ingénieurs en chef, les préfets, les premiers magistrats, devaient leur place au mérite de leur carrière, et non à la protection d'un bavard de village.

Les Français étaient chez eux en France ; le gouvernement ne traitait pas en ennemis les citoyens qui professaient d'autres idées que les ministres en cours.

Les crimes étaient rares, les criminels étaient punis. Les souteneurs, en petit nombre, se cachaient, traqués par la police.

*
* *

Mais il est venu le suffrage universel. Les politiciens et les francs-maçons ont amené le Juif qui a pu, abrité derrière eux, accomplir son œuvre.

Il a éteint le foyer et ruiné la maison.

La famille s'est désagrégée sous l'action des théories féministes. Ce n'est plus la foi religieuse qui groupe les citoyens, c'est la Haine politique.

Les aigrefins affichent leur mépris des braves gens, qui sont comme honteux de leur honnêteté.

Dans les grandes villes, la population a doublé, et il s'y commet seize fois plus de crimes. Les enfants, chassés du logis par la misère répugnante que produit l'ivrognerie, vivent dans la rue où ils apprennent le vice, puis le crime.

Ils sont très fiers de parler un argot ordurier.

En cinquante ans, la moyenne de l'âge des criminels a baissé de dix ans! Les assassins, les chefs de bande, les révoltés anarchistes, sont des gamins qui jouaient autrefois aux billes ou au ballon.

Les souteneurs forment une armée insolente avec laquelle la police pactise. Des bandits, enrégimentés, tatoués des insignes de leur profession, ensanglantent chaque nuit les rues de la capitale, et le récit de leurs exploits est célébré dans les feuilles officielles.

On a chassé de France des Françaises qui soignaient gratuitement les malades, pour appeler des familles juives qui se ruent, en haillons, haves, les dents aiguës.

Enfin, les aspirants députés ont mis par leurs promesses, une salive d'affamé aux lèvres des déshérités, et jusqu'ici, le peuple souverain a dû se contenter de ces promesses.

Alors, ne sachant plus à quoi accrocher une espérance, comprenant l'infâme ironie de cette exploitation sociale, trop ahuri et trop ignorant pour la faire cesser, le français est allé au cabaret pour noyer ses rancœurs.

Et il boit. Il boit chaque jour davantage.

Depuis la guerre de 1870, la France a passé du 4° rang au premier — sous ce rapport !

C'est la nation où il se consomme par tête — et de beaucoup — le plus d'alcool, c'est-à-dire le plus de ce qui rend fou ou criminel.

Un Français, sans l'excuse du froid ou de la lutte cruelle, boit deux fois plus d'alcool que ses voisins. Il en est arrivé à tremper son pain dans de l'absinthe, dans ce poison dont le gouvernement décore les gros fabricants de l'étoile des braves, pour les remercier, sans doute, d'avoir abruti notre génération.

Et pourtant, il semble impossible que la France meure de la sorte, qu'elle soit la première nation qui disparaisse, ruinée par l'invasion juive, abandonnée par les corps d'Etat aux marchandages des politiciens.

On veut espérer. On cherche dans l'histoire les heures terribles qu'elle a traversées, pour en sortir plus fière que jamais. On n'admet pas cette mort par l'inertie, par la lâcheté !

***

Et on a raison ! La France ne mourra pas ! Elle se dégagera encore des griffes maudites !

De cette terre de Foi sont partis les Croisés de

Godefroy de Bouillon, pour aller imposer l'espoir en un Paradis ouvert aux humbles ; sur cette terre de Justice, la Révolution Française a proclamé l'égalité devant la loi ; sur cette terre de Liberté a passé le premier frisson de révolte contre la tyrannie des Juifs.

Et dans l'affollement de l'agonie de notre planète, c'est encore un Français qui guidera la horde humaine, faisant, malgré tout, de ses bras fatigués ou meurtris, le geste auguste du Semeur !

La Femme

Créés de façon identique, ayant les mêmes parents, la même maison, la même existence, l'homme et la femme semblaient destinés à être de bon compagnons de route pendant leur passage sur terre.

Or, ils diffèrent par presque toutes leurs façons de penser, de vivre ; sauf lorsque l'amour les rapproche, ils ne s'entendent guère, chacun tirant de son côté sur la chaîne, finissant par souffrir d'une association fatale pourtant.

Comme, avec la religion, la femme est ce qui a le plus d'influence sur le bonheur des hommes et la prospérité de la Société, il faut savoir pourquoi elle n'aide pas mieux son compagnon à traîner le boulet de misère auquel ils sont rivés tous deux.

*
* *

La femme, — à de rares exceptions près, — possède un bon cœur, et — sans exceptions, — un mauvais cerveau.

L'amante, la mère, la sœur de charité sont ses seuls beaux rôles.

C'est comme amante qu'elle nous procure les plus puissantes joies.

Depuis le jour où l'œil ravi entrevoit l'exquise silhouette d'une jolie femme, jusqu'à l'heure où l'ivresse des baisers vous grise, il y a une suite non interrompue de bonheurs profonds.

Aller sous les bois d'automne avec une compagne aimée, respirer le parfum doux de ses cheveux, écouter sa voix musicale, frissonner au frôlement de sa robe, serrer sa main fine qui s'abandonne, c'est connaître les plus charmantes griseries ; un triomphe d'indicible orgueil vous envahit ; on comprend qu'on s'élève aussi haut que possible au-dessus des platitudes de la vie.

Lorsqu'on tient la femme adorée, son corps tressaille à chaque nouvelle caresse, ses yeux trouvent des regards toujours plus tendres, ses lèvres des murmures plus attirants.

Merveilleux instrument d'amour, la femme vibre, plus harmonieuse, sous les baisers nouveaux.

Pour l'amant, la femme est ce que serait, pour le musicien, le clavier qui rendrait les mélodies rêvées ; pour le peintre, la toile où il fixerait les splendeurs entrevues.

Mais ces sensations aiguës, inoubliables, la femme en est la cause presque indirecte. Ce n'est pas elle qui nous fait si bons, si vibrants, c'est nous qui le devenons à propos d'elle ; nos désirs et nos prières montent vers la vision qu'elle nous paraît incarner.

Pour nos yeux d'amoureux, de mâles, elle est le sphynx mystérieux, la fée dont les caresses ont des attirances pleines de consolations.

Au fond, c'est une créature assez banale, dont le corps et l'esprit sont également mal d'aplomb.

En revanche, elle possède l'instinct de profiter de cet état d'aveuglement dans lequel l'amour nous met, avant que nous ayons le courage difficile d'ouvrir les yeux.

*
* *

Car un homme n'ose guère s'arracher à la duperie si charmante de l'amour.

Cette femme que, depuis 6000 ans les poètes, les sculpteurs, les peintres ont célébrée, l'arbitre de nos destinées, la source de toute joie, il éprouve une certaine honte à la voir telle qu'elle est ; il continue à l'adorer telle qu'il la voyait jadis, — pareil à ces fils devant l'image des parents dont le Temps a fait une caricature, et à travers laquelle ils adressent, malgré tout, aux disparus, un sourire attendri.

Elle, au contraire, qui semble créée pour l'amour, n'aime guère que deux fois : au début, lorsque ses sens de fillette s'éveillent ; à la fin lorsque, femme mûre, elle se cramponne au premier, ou plutôt au dernier venu.

En dehors de ces deux cas, elle conserve un sang-froid qui lui permet d'étudier l'amour offert, de savoir ce que contiennent le cœur ou le coffre-fort qu'on lui ouvre. Au besoin, elle excite habilement les désirs et laisse s'engluer sa proie.

C'est une de ses grandes forces. Lorsque la possession a rendu à l'homme le sens du réel, la femme le tient déjà par sa sottise, ses serments.

En général, pour l'homme l'amour est un plaisir, pour la femme c'est une affaire.

La mère est presque toujours admirable. Sa grâce ajoute une note délicieuse au dévouement farouche des femelles pour leurs petits.

Il n'est pas de spectacle plus consolant que celui d'une mère sacrifiant à ses enfants les joies qui l'attiraient naguère, trouvant des câlineries toujours nouvelles, vivant, pour ainsi dire, de leur vie.

Cette jolie fille dont le sourire vous grisait, est devenue la mère devant laquelle on a envie de s'agenouiller, si haute dans sa fonction superbe que les désirs impurs se brisent à ses pieds.

***

Mais là encore le détraquement de son cerveau vient souvent gêner les élans de son cœur.

A mesure que ses enfants grandissent, son affection se fait moins intelligente, plus égoïste. Elle préfère le fils débauché, comme elle a aimé plus ardemment l'époux volage, prise d'un besoin de sauver des âmes qui l'éloigne de la justice.

Ces enfants qu'elle adore, elle ne saura pas les guider ; elle ne pourra s'imaginer que ses fils soient devenus des hommes et ses filles des femmes ; elle les verra toujours petits, faibles ; elle voudra les diriger dans un monde dont elle-même ne peut comprendre les lois compliquées.

Sœur de charité, consolatrice des affligés, la femme est dans l'épanouissement de sa gloire.

Ici ses défauts ne se montrent plus ; on peut admirer sans réserve l'énergie de son dévouement que rien ne lasse, la douceur de ses tendresses que rien ne dégoûte.

Il semblerait que le Destin lui eût confié le soin de calmer les maux inhérents à notre misérable état de terriens, et dont elle est, du reste, si souvent la cause.

Tout un monde de sensations exquises nous est révélé par la femme lorsqu'elle est pour nous l'épouse chérie, la mère vénérée, la consolatrice aux heures de douleur. L'amoureux apprécie la mélancolie délicieuse des soirées au coin de l'âtre, quand le vent pleure dans les portes, et qu'on se réfugie sous les caresses de l'adorée, ou bien les ivresses des promenades à deux, dans les splendeurs du soleil couchant. Il a la notion de joies infinies où l'âme se noie.

De même, le fils agenouillé devant sa mère a la vision des saints apaisements du foyer, de la sérénité vivifiante qui emplit le sanctuaire familial.

Dans chaque baiser de la femme il y a un peu des dévouements de la mère ; dans le rayonnement de son amour naissent les bonheurs les plus purs et les plus durables.

Et lorsque, vieillard, on regarde, derrière soi, cette route qui semblait si longue au départ, et qui n'est plus qu'un peu de boue, on salue d'un sourire reconnaissant ces souvenirs délicieux, les seuls que le temps n'ait pu effacer.

*
* *

En dehors de ce triple rôle d'amante, de mère, de garde malade, la femme est très inférieure à l'homme.

Le cerveau est à demi vide, avec des pensées indécises qui y tintent toujours.

Parfois, un peu d'esprit, le sens des réparties, des phrases chatoyantes soulignées gentiment par le sourire des yeux.

Aucune logique, jamais.

La valeur du syllogisme, de la déduction des faits,

est absolument inconnu aux femmes. Quand on leur tient un raisonnement appuyé sur un enchaînement d'idées, leur esprit se ferme, elles ne peuvent comprendre.

Il ne faut pas leur dire cela, car, au contraire, une de leurs prétentions les plus communes est celle de raisonner juste, de suivre d'une oreille intelligente les discussions les plus ardues.

Pourtant, elles reviennent volontiers aux conversations frivoles. Leur cerveau, comme leur corps, se fatigue vite d'un effort continu.

Leur causerie est décousue, faite d'aperçus déconcertants sur des choses dont elle n'ont pas la moindre idée ; leur aplomb est inconscient et merveilleux.

Le déséquilibre de la femme se trahit dans toutes ses actions.

Cette créature coquette ignore les répugnances qui écœureraient un homme propre.

Bourgeoise, elle se livrera à un vieillard de race noble ; grande dame à un cabotin en vue. Courtisane ensensée, elle aura la nostalgie de la boue.

Cette idole que le poète glorifie et que l'artiste implore, cette reine, cette fée qui semble vibrer seulement aux frissons du Beau, s'éprend, neuf fois sur dix, d'un bellâtre sans esprit, sans cœur et même sans beauté, car elle ne sait pas choisir un amant digne d'elle ; elle va droit au type moitié soudard moitié souteneur qui horripile les gens de valeur et de tenue.

La femme n'a ni goût ni dégoût, disait Pascal.

Surtout, elle hait, d'instinct, l'homme à la bonté douce et compatissante qui comprend ses caprices et les absout. Elle ne se livre jamais complètement au penseur, elle n'admet pas qu'on se rende un compte exact de ses idées.

La reconnaissance, commune chez les chiens, fort rare chez les hommes, est absolument inconnue des femmes. Dès que leur caprice ne les pousse plus vers quelqu'un, elles ne peuvent s'y intéresser, étant toutes, toujours, à l'objet de leur caprice.

*
* *

Chez la femme, sauf, parfois, les élans d'amour et les crises de foi religieuse, tous les sentiments sont factices.

La femme qui cherche encore à plaire, — elles cherchent toutes et longtemps, — rapporte tout à l'effet qu'elle produit. La seule chose qui l'intéresse vraiment est sa beauté, son charme ; elle prend plus de plaisir à écouter le compliment d'un ouvrier qui la croise dans la rue, qu'à lire un chef-d'œuvre.

Les idées générales l'effraient ; si elle intervient

dans une discussion sérieuse, c'est par pose ; mais elle se croit, de bonne foi, apte à tout discuter.

Elle causera religion, philosophie, art, se pâmera et se révoltera sans la moindre conviction, comme elle aura une crise de nerfs à propos de la plus futile querelle.

Rien ne l'intéresse, au fond, que son propre triomphe et celui de la personne qu'elle aime.

C'est pour tenir son rang, par orgueil, qu'elle s'instruit un peu, qu'elle parcourt les livres à la mode.

Dans le peuple, plus rien que des cancans, de petites jalousies. Comme maximum d'effort intellectuel, la lecture d'un feuilleton odieusement plat.

Ces très rares aspirations vers la justice, ce respect du progrès, ce désir d'apprendre, communs aux hommes les plus vulgaires, elle les ignore, elle ne s'occupe que des menus faits quotidiens.

Du reste, si l'amoureux attache une importance extrême à ce que dit une femme, l'homme de sang-froid ne le prend guère au sérieux.

Seule la politesse ou la crainte d'une scène l'obligeront à écouter des bavardages qui lui paraîtraient captivants s'il était épris.

Quand l'homme veut échanger des idées, il choisit des hommes, la femme ne se plaît qu'avec des femmes qui causent, comme elle, chiffons et scandales.

Ils se rencontrent sur le terrain de l'amour ou des querelles. Ils y viennent volontiers, mais se séparent pour aller, lui au cercle ou au cabaret, elle dans les salons ou chez les concierges.

Leurs cœurs s'entendent parfois, leurs cerveaux jamais.

La femme est la femelle de l'homme, elle n'est pas sa compagne.

∗

Tant que l'amour les unit, on voit l'homme et la femme heureux d'être au monde, s'entr'aidant de toutes leurs forces, chacun vivant pour donner à l'objet adoré le plus de joie possible.

Lorsque la lassitude ou la réaction ont fait leur œuvre, lorsque le couple n'est plus tenu que par le lien du mariage ou de l'habitude, les querelles naissent à tout propos, chacun tire de son côté sur la chaîne ; c'est un constant échange de mauvaise humeur, d'aigres reproches.

La peur, la lâcheté, la honte, et souvent les vilains calculs, retiennent seuls à l'ancien nid de caresses ceux qui semblaient faits l'un pour l'autre.

C'était vrai, ils étaient bien faits l'un pour l'autre, mais comme amoureux et non comme compagnons.

∗

De là ces discussions continuelles, ces froissements quotidiens, cette lutte pour la première place que la femme exige toujours, car cette créature, faite pour être protégée, a la rage de la domination.

Lorsqu'elle est jolie et jeune, l'amour est le moyen tout indiqué : inutile de chercher autre chose.

Dès qu'elle sait ne plus plaire, elle devient inquiète, jalouse, hargneuse ; elle emploie, pour vaincre les résistances, ces allusions répétées au même sujet, si irritantes à la longue, ces insistances si énervantes qu'on finit par céder pour avoir la paix.

Avide de régner, elle demande à la peur ce que lui procurait l'amour, et ne recule pas devant ces scènes extravagantes, crises de nerfs, accès de folie, guéris dès que la cause est gagnée.

D'autres n'admettent pas leur déchéance, ne consentent pas à vieillir.

Depuis que le foyer s'est éteint, les mères refusent de devenir des aïeules, et on frôle, par les salons, des vieilles aux viandes peintes, sentant l'atroce odeur des cadavres embaumés, qui se cramponnent au plaisir avec des crispations de noyées.

Le devoir de l'homme envers cet être encore plus faible et plus mal équilibré que lui, est donc tout tracé.

Il doit vénérer la mère, aimer l'épouse, admirer la consolatrice, entourer d'affection l'amie dévouée, mais ne pas leur donner des droits égaux aux siens pour la gestion d'une Société à laquelle elles ne comprennent rien.

Tout d'abord, on biffera, d'un trait, ces revendications féminines, particulières aux époques troublées, et qui exigent, pour les deux sexes, une identique répartition des droits et des devoirs.

La femme a son rôle social, l'homme a le sien ; la différence en est profonde, absolue.

Tout projet qui cherche à renverser ces deux rôles est un non sens ; les infractions aux lois indiscutables de la nature sont, dès l'origine, frappées d'impuissance.

Le cerveau de la femme ne s'est pas modifié et ne se modifiera pas plus que son corps. Aucun effort, aucune éducation ne feront ressembler son cerveau au cerveau de l'homme, et ses muscles aux muscles de l'homme.

On trouve, parfois, des esprits féminins, qui, à force de travail, s'assimilent, assez mal, des parcelles d'études médicales ou de droit latin.

Ce sont des exceptions, et encore confinées dans la partie pédagogique de ces sciences.

Ces dévoyées n'ont jamais la compréhension de

l'ensemble de leur sujet ; tant qu'elles seront femmes elles ignoreront les questions abstraites, et verront les choses par le côté mesquin, tangible.

Et puis, à propos de ces cas bizarres vouloir transformer la Société est folie. La femme perdrait dans cette révolution, sa vraie valeur : elle n'y gagnerait rien, même pas du pain.

Ces réclamations font partie de ce qu'on appelle, en temps irrégulier, le mouvement des idées, c'est-à-dire le déchaînement de l'orgueil et de la sottise.

Quand la Société se sera ressaisie, la femme reprendra sa place au foyer, entre son mari et ses enfants.

Sa place est là et non ailleurs.

L'amour, le mariage, la maternité, le dévouement aux malheureux : le programme est assez vaste et assez noble.

La femme sera plus heureuse si on l'oblige à ne pas s'en écarter.

Pour cela il faut rendre solide l'institution du mariage, base de tout état social bien établi.

Abolir l'égoïste et néfaste loi du divorce, contraire au progrès, qui place après les satisfactions personnelles la seule raison capable de rendre le mariage supportable : l'amour des enfants, le plaisir de leur sacrifier les misères inhérentes à l'accouplement de deux êtres dissemblables.

10.

Empêcher, dans la mesure du possible, ces unions déplorables, caricatures du mariage, si nombreuses dans les grandes villes, et où sombrent tant de brillants avenirs.

※
**

Plus le lien du mariage est solide, et plus la famille est puissante, prête à défendre ses droits.

Les Juifs et les Francs-maçons, chargés de détruire l'ancien monde, savaient bien ce qu'ils faisaient en ordonnant aux politiciens de rétablir le divorce.

En prêchant l'union libre, en laissant se propager ces « collages » d'où l'homme sort faible et avili, — s'il en sort, — ils ont désagrégé cette noblesse et cette haute bourgoisie dont ils redoutaient l'énergique vertu.

Car les élèves des congrégations religieuses, les fils de famille grandis sous l'aile maternelle, sont surtout victimes de ce fléau.

Et ici se montre encore cette inintelligence des mères appartenant aux milieux riches, qui veulent guider leurs enfants sans avoir la moindre notion des dangers inévitables.

※
**

Elles tiennent leurs fils dans un respect timide et comme honteux de la femme. Elevé par des précepteurs ou mis aux Jésuites, l'enfant riche demeure jusqu'à 18 ans, dans l'ignorance craintive de la femme distributrice de plaisirs.

On le garde à l'abri des désirs qu'éveille son contact comme d'une souillure ; il ne doit voir dans la femme que la compagne future, la fiancée, la maman.

Aussi, lorsqu'il entre dans la cohue, il tombe fatalement sous la domination de la première fille assez intelligente pour comprendre la situation.

Devant ses caresses goulues, son besoin de respecter son idole, la donnation de tout son être à ce premier amour qu'il croit éternel, cette fille n'hésite pas ; elle congédie sa clientèle d'amants, et se dévoue à ce gentil garçon généreux, bien élevé, qui l'épouse trois fois sur quatre.

Le fils de l'ouvrier, au contraire, du boutiquier voltairien, craint les quolibets de ses amis : il les a toujours entendu traiter ces femmes avec un mépris grossier ; il pose pour le blasé, se méfie d'instinct, de ces liaisons douteuses et coûteuses, et remet vite dans la circulation cette fille que le bon jeune homme éprouve le besoin de réhabiliter.

C'est par dizaines de mille qu'il faut compter ces ménages lamentables où les héritiers d'un beau nom ou d'une belle fortune se laissent peu à peu enliser sans s'en apercevoir.

Combien de parents, après avoir bercé quinze ans de suite leur fils, salué de splendides visions d'avenir, se sont vus incapables de lutter contre une fille sans charme et sans cœur, qui s'était simplement trouvée la première sous les pas du jeune élève lâché par les bons pères dans un monde où cet amour, qu'on lui cachait comme une honte, est la plus terrible des forces.

**

Les mères se trompent aussi en engageant d'ordinaire leurs enfants sur la route suivie par le chef de la famille.

Dans la race blanche, les fils ne ressemblent pas à leur père.

Lorsque les circonstances permettent à un homme de se montrer tel qu'il est, ou l'y obligent, il se montre toujours très différent de son père.

Les petites manies, les vices mesquins, les ridicules, les tics, la manière de vivre, ce qu'on peut appeler la « gangue » de l'homme, sont les mêmes chez le père et chez le fils, surtout s'ils restent dans le même coin de pays. Mais la valeur morale, les goûts, l'intelligence, le caractère, sont toujours dissemblables.

Pour s'en rendre compte on n'a qu'à étudier la liste des empereurs ou des rois qui, eux, bien en vue, forcés de dégager leur personnalité, s'offrant tels qu'ils sont, fournissent un irréfutable document.

*
* *

En France, par exemple, Henri IV ne ressemblait pas du tout à son fils Louis XIII, et Louis XIV pas du tout à ce dernier. Louis XVI ne rappelait en rien ses deux frères ou son aïeul Louis XV. On les eut choisis exprès très différents qu'on n'eut pas mieux trouvé.

Il en fut toujours de même. Charles V, roi sage, eut pour fils un fou, qui eut pour fils un roi banal. Ce roi banal fut le père du seul roi de génie que la France ait vu, et ce roi de génie, fourbe et terrible, eut un fils, soldat vantard et médiocre.

On pourrait allonger indéfiniment la liste avec tous les arbres généalogiques d'Europe.

*
* *

Mais dans ces familles, comme dans les autres, les gangues entourant des pierres si diverses sont identiques.

Bourgeois d'une petite ville, les Bourbon eussent paru taillés sur le même patron, car ils possédaient tous un visage caractéristique, une belle allure de vanité imposante, le don du mot qui porte, une grande confiance en soi.

Leur entourage eut répété :

— Tel père, tel fils ; ces Bourbon se ressemblent beaucoup !

On ne saurait, au contraire, imaginer des êtres plus opposés.

Le minerai était le même, les métaux étaient très différents.

**

Ce fait est particulier à la race blanche. La race jaune ne subit pas, paraît-il, cette réaction, et les sujets de la race noire, inférieure aux deux autres, manquent de l'originalité nécessaire.

En revanche, la race parasite ignore cette loi de changement. Les juifs sont, au contraire, exactement comme leurs pères, toujours et partout.

Ici, argile et métal sont invariables ; il y a cent sortes de blancs, il n'y a qu'un juif.

**

Les mères devraient apprendre ces règles pour diriger leurs enfants sur la bonne route.

Elles n'y songent guère. Incapables de comprendre une loi générale quelconque, elles se contentent, en fait de principes, de ces proverbes formant la sagesse des nations, et où toutes les niaiseries dangereuses se donnent rendez-vous.

Leur conduite est sans cesse guidée par leurs caprices, la peur du voisin, la mode, le confesseur, la vanité.

⁎
⁎ ⁎

En résumé, cette mère, cette femme, cette fille, créées pour faire le bien et semer la joie, ont une action déplorable, les coutumes sociales ne les tenant pas dans les limites où leur pouvoir serait bienfaisant.

La femme est comme les enfants, faible, capricieuse, oubliant vite l'objet des plus folles passions, toujours plus exigeante à mesure qu'on cède, brisant, au bout d'une heure, le jouet convoité six mois, mais charmante et heureuse si on l'oblige à être charmante et heureuse.

Au fond, ces analyses de sentiments, cette psychologie dont est encombrée notre littérature, ces études où les cheveux de l'adorée sont coupés en quatre, se résument en trois mots :

— C'est une enfant.

Une enfant au cerveau pervers et détraqué, qui devient délicieuse lorsqu'elle n'obéit pas à son esprit mais à son cœur.

⁎
⁎ ⁎

Les gamins, livrés à eux-mêmes, s'amuseront d'abord gentiment, puis briseront les glaces et mettront le feu à la maison. C'est une nécessité pour eux de chercher une distraction, une sensation nouvelles, plus aiguës que les premières.

La femme, comme eux, ne sait jamais se contenter

de ce qu'elle a. Il lui faut « autre chose » et quand elle tient cet « autre chose » elle le brise pour avoir l'occasion de le regretter.

Ses nerfs sont trop tendus, ou trop peu ; elle aime l'intrigue, la peur, le remords.

Elle a, évidemment, besoin d'être tenue, pliée, constamment ramenée à son rôle.

Par malheur, la veulerie de l'homme d'aujourd'hui, perdu dans les ruines de ses croyances et de ses espoirs brisés, permet à sa compagne de satisfaire ses moindre caprices et, loin d'être l'épouse docile, elle devient la maîtresse insupportable.

A Paris, et surtout chez le commerçant et l'employé, elle domine absolument.

Elle tient les clefs de la caisse, surveille la maison comme un directeur de prison son domaine, règne au salon, trône à table, guide la causerie, et donne toujours des ordres sans réplique.

Elle invite les amis qui lui plaisent, écarte les autres. Chacun a peur de la froisser, elle est le point de mire des adulations.

Son mari est perdu dans son ombre.

Le pauvre diable qui a travaillé tout le jour pour gagner le pain et le loyer, est assuré d'une scène violente s'il est en retard de dix minutes.

C'est à cette tristesse hargneuse du logis qu'on

doit, en partie, la montée de l'alcoolisme ; si l'homme devait trouver son foyer gai et agréable, il ne s'attarderait pas chez le marchand de vins.

Pour combattre le fléau, les moyens employés sont pitoyables.

Ce n'est pas en dégrevant certaines boissons qu'on arrachera l'homme au cabaret pour le rendre à la famille.

Il faut que l'ouvrier ait chez lui un nid où il se plaise, où l'attende un bonheur réel. Alors seulement il renoncera à l'acre atmosphère de la taverne.

Une table bien propre, quelques fleurs sur la cheminée, un bon sourire accueillant, feraient plus pour ramener le travailleur auprès des siens que les discours des sociologues.

Les enfants, grandis dans la gaité du ménage, ne ressembleraient plus aux petits vauriens dont la seule excuse est de fuir un logis empuanté et lugubre.

C'est une des erreurs du progrès d'avoir, chez la compagne de l'homme développé le rôle de la femme au détriment du rôle de l'épouse et de la mère.

Un mari se trompe beaucoup en ordonnant à sa femme, comme font les Arabes, de vivre cachée, parquée, de n'exister que pour le maître, d'ignorer la coquetterie, parce qu'alors il obtient une femelle sans grâce, sans charme ; il enlève à cette exquise chose qu'est une jolie femme les trois quarts de sa valeur, en en faisant une machine à plaisir.

Mais il se trompe encore davantage en laissant la femme gouverner la maison, parce qu'il a, cette fois, une machine à déplaisir dont il lui faudra subir les caprices et les détraquements.

La femme ne doit pas être la tête de la maison, car sa tête est mauvaise neuf fois sur dix ; elle doit en être le cœur et la gaîté, car son cœur est généralement bon et sa gaîté communicative.

*
* *

Certes, il faut s'en féliciter, s'en glorifier, la vie humaine est plus longue, et l'existence plus facile qu'autrefois.

On a chaud l'hiver, on boit frais l'été. Les voyages, les sports, la chasse ne sont plus l'apanage d'une caste. Le peuple a ses droits ; le travail et l'intelligence sont devenus des instruments dont peut se servir le plus humble.

Le progrès a fait le pain plus blanc, l'eau plus pure, le lit plus doux, la table mieux garnie.

On peut être fier de cette poussée vers le bonheur.

Mais s'il faut que la maison plus claire et plus chaude ne recueille que les querelles de l'homme ivrogne et de la femme insupportable ; si les paysans doivent abandonner les champs pour les faubourgs ;

si les souteneurs doivent terroriser les villes et les juifs piller à l'aise avec garantie du gouvernement ; si les politiciens doivent semer à pleines mains la jalousie et la lâcheté ; si l'idée de Patrie doit disparaître, si les crimes doivent décupler, si les enfants doivent être gangrénés, si l'arrogance des aristocrates doit être remplacée par la goujaterie des parvenus ; si chaque progrès physique doit être payé d'une parcelle d'idéal et d'espérance, vrai ! c'est trop cher !

Il faudra faire un marché moins ridicule, et tâcher d'acquérir les agréments très appréciables du progrés matériel, sans perdre les consolations du rêve et de la foi.

Or, c'est le rôle de la femme de mener cette lutte en faveur des saintes croyances.

Elle incarne ce qui disparaît sous l'invasion juive : le foyer, la prière, la gaîté attendrie, la bonne tenue, le dévouement, la charité, et ce n'est pas en développant le côté pédagogique de son instruction, et en lui conférant des droits politiques, qu'on lui donnera les moyens d'accomplir sa tâche !

L'espèce humaine naît avec l'esprit faux, épris de mensonges, de complications.

L'homme passe sa vie à acquérir le bon sens, la

compréhension exacte et simplifiée des choses. Plus il va, et plus il est frappé de la nécessité d'organiser la force, de mesurer la liberté.

Le cerveau de la femme ne se développant plus après 18 ans, l'idée des hiérarchies ne lui vient pas. Comme les enfants, elle ne voit pas l'utilité du maître.

C'est à l'homme de la plier aux nécessités sociales, dont la première est l'affectation des êtres à leur destination naturelle.

La femme est née inférieure à l'homme. Sa fonction est d'assurer à son compagnon l'appui de son amour, maternel ou sensuel, de le consoler aux heures tristes, de lui garder un foyer où il viendra se retremper après les coups de la lutte terrestre.

En lui donnant une autre destination, on fait son malheur.

Libre, dominant la maison, voulant s'occuper de ce qui ne la concerne pas, elle ne sait ni se servir de sa puissance ou de sa liberté, ni s'en contenter.

La possession de ce qu'elle désire ne la satisfait pas, au contraire, exaspère son caprice.

Pour qu'elle fasse le bien qu'elle peut faire, et qu'elle-même soit récompensée de ce bien par un bonheur réel, il faut la tenir, de force, à sa place.

***

Le code donne la note juste : le mari doit aide et protection, la femme fidélité.

Dans un ménage régulier, le chef incontesté est celui qui gagne le pain et le distribue.

La femme doit être l'épouse soumise et dévouée.

Le premier des devoirs envers la femme, et le plus important, est de la garantir contre elle-même. Ne pas céder lorsqu'elle voudra sortir de la place à elle assignée par la nature, c'est assurer son propre bonheur et celui de toute la maisonnée.

Mais pour cela il faudrait, chose qui paraît bien difficile à obtenir aujourd'hui, que l'homme redevint un homme et la femme une femme.

Pourtant, ne désespérons pas. Cela se fera peut-être tout seul, lorsque la pyramide sociale reposera sur la base, et qu'on renoncera à la faire tenir, comme on essaie à présent, sur la pointe.

Les Socialistes

Depuis les premiers âges de la Terre, aucun mouvement socialiste n'a réussi. Tous sont morts du mauvais germe que portent en elles les révoltes contre les obligations humaines.

Des Gracques à Babœuf, des Spartiates aux Fouriéristes, tous les essais pour établir la répartition équitable des biens au moyen d'une bonne volonté commune ont piteusement échoué, sombrant, d'ordinaire, dans des mares de sang.

C'est que l'humanité se compose d'êtres égoïstes, très mal équilibrés, et qu'il est impossible de faire régner l'idée de justice pure dans un milieu où les abstractions sont toujours sacrifiées aux appétits.

Et puis, la masse a l'instinct de la conservation; après une révolution égalitaire, son premier soin est de rétablir les échelons qu'elle a brisés la veille.

Les théories socialistes sont de deux sortes.

1° Celles qui touchent à l'héritage.

Leur application est impossible. L'homme ne s'est élevé au dessus des bêtes de proie que parce qu'il avait le désir de faire les siens plus riches, plus heureux que lui. En lui ôtant ce droit, on le ramène à la barbarie ; il se contentera de vivre au hasard, produisant juste pour lui et pour ses petits.

Il n'y aura plus de famille. On ne trouverait pas un homme sur cent mille capable de donner son maximum d'efforts si son labeur devait servir à nourrir des inconnus ou des étrangers ;

2° Celles qui cherchent à biaiser avec cette évidence, parlent de socialiser les instruments de travail, de faire de l'Etat le grand dispensateur des profits, de noyer l'individu dans la Société.

Ces dernières théories se ressentent des milieux où elles naissent; on y retrouve l'hypocrisie prétentieuse des politiciens, et le désir de présenter à la foule un appât électoral.

*
* *

L'homme ne travaille que dans un but déterminé et égoïste; il n'aime bien que ce qui est à lui. Il admet que son voisin possède et défende sa propriété comme il le ferait lui-même, mais il ne respectera la fortune commune que s'il y est contraint.

Un exemple.

Un village de 2000 âmes où chacun se connaît. Dans ce village une famille estimée, d'une honorabilité absolue, faisant le bien par plaisir, rendant tous les services imaginables à la collectivité.

Il n'est pas un paysan, pas un mendiant qui ne célèbrent la haute valeur morale de ces braves gens.

Faites afficher sur les murs de ce village l'avis suivant :

« Cette famille est en voyage, et sa maison n'est
« plus placée sous la garde de la gendarmerie ; elle
« est confiée à la bonne foi, à la reconnaissance des
« villageois. Chacun sait que le maître a gagné
« loyalement sa fortune, qu'il est, par excellence,
« l'homme du devoir et de charité. Ceux qui vou-
« draient piller sa maison le pourraient, puisqu'ils
« n'auront aucune poursuite à redouter des pouvoirs
« publics, mais on se fie au respect des prolétaires
« pour le capital légitimement acquis et toujours
« bien employé ».

*
* *

Dix minutes après, les plus pauvres viendraient prendre une chaise, puis des objets de prix. Les moins besogneux se diraient qu'on ne peut pas tout laisser aux mendiants et, le soir, il ne resterait que les quatre murs de la maison bénie.

Ceci est certain : le possesseur d'un prunier n'oserait pas essayer de prouver le contraire.

A plus forte raison s'il s'agissait d'une caisse anonyme.

On se souvient des ateliers nationaux de 1848.

Ce serait à qui se déroberait devant les corvées ou s'emparerait des objets communs.

**

Ce n'est pas que l'homme soit, en général, voleur ou injuste ; il est faible, et on doit le tenir à l'abri des tentations.

Les mauvais exemples, les mauvais conseils, ont vite prise sur des êtres craignant toujours de ne pas profiter des biens collectifs.

Maintenus par des lois solides, ils demeurent volontiers vertueux, et en sont très fiers ; poussés par des misérables ou livrés à eux-mêmes, ils volent ou gaspillent.

**

Les théories socialistes sont en opposition avec l'instinct humain ; elles ne sont pas faites pour assurer le bien-être de la collectivité, elles représentent simplement les revendications d'un groupement d'ouvriers.

Les paysans, bien que gâtés par le suffrage universel, ignorent encore les révoltes des travailleurs des villes ; ils se dégrisent vite sous l'influence du grand air et, surtout de leur méfiance héréditaire.

Mais les ouvriers de l'usine ou de la mansarde, privés d'air, harcelés de désirs habilement développés par leurs exploiteurs, assez instruits pour souffrir de l'inégalité terrestre et pas assez pour en comprendre la fatalité, les ouvriers des agglomérations où l'on coudoie à chaque minute le luxe, la misère, la débauche, s'accrochent volontiers aux visions farouches évoquées devant leurs yeux. Chez eux, le besoin de jouir et de se venger du patron sont les sentiments qui dominent tout.

Et ils subordonnent la vie sociale à ces besoins égoïstes, prêchant la lutte des classes, la grève, la guerre civile, sans se demander si ces fléaux ne risquent pas de tuer le pays, et eux avec !

. Pour cette fraction du peuple il n'y a rien autre qu'elle, sur terre.

Les ouvriers ne veulent pas savoir si le bourgeois, l'aristocrate, le prêtre ou le cultivateur ont le droit de vivre, d'exiger, eux aussi, leur place au soleil : ce sont des gêneurs, des ennemis.

Se disant, se croyant peut-être, la vraie force ici-bas, ils veulent tout niveler à leur taille, tout plier sous les nécessités qui les courbent.

Ces socialistes n'admettent pas que l'organisation sociale ait pour but de donner à chaque individu le maximum de droits avec le minimun de devoirs.

Ils ne permettent pas à des filles riches, à des hommes libres, de se réunir pour prier ; ils ne veulent pas que des sœurs de charité soignent gratuitement les malades, parce que les malades et les couvents doivent dépendre d'eux, leur appartenir. Leurs croyances seules comptent.

L'État, tel qu'ils le comprennent, est une propriété dont ils auront la charge, et où nul autre qu'eux n'aura la permission de discuter ou de croire.

※

Jamais dans les appels des socialistes, il n'est question de bonté, de pardon, de bienveillance envers les fils de la race humaine, si mal équilibrée ; rien n'existe en dehors des droits des ouvriers, de la force des ouvriers.

On ne s'y occupe des autres hommes que pour étudier le moyen de leur prendre ce qu'ils possèdent.

Le fond de l'anarchie et du socialisme est un égoïsme d'une férocité inouïe.

D'ailleurs, la lutte, est encore plus injuste que violente.

Des grèves comme celles de Marseille, par exemple, coûtent quelques louis aux actionnaires des Compagnies, et condamnent à la pire misère les Algériens dont les récoltes sont perdues.

Ainsi, parce que les ouvriers du port refusent d'accepter tel contremaître ou tel réglement, il faut que des milliers et des milliers de colons meurent de faim, l'hiver, voient leurs familles livrées aux affres de la détresse ?

Qu'ont-ils fait, ceux-ci, pour être sacrifiés de la sorte ? Ils sont aussi pauvres, aussi dignes d'intérêt que les grévistes ; ils ont aussi leurs enfants à nourrir.

De quel droit les voue-t-on à la souffrance ?

Quelle excuse y a-t-il à leur ruine ?

Cette conduite antihumaine suffit à montrer ce que serait le règne des socialistes triomphants, et à prouver combien ce règne serait court, car on verrait très vite se liguer contre eux les autres éléments sociaux, réclamant leur part de pain et de liberté.

Quant aux gouvernants, qui ont sous la main le moyen de faire transporter les récoltes, de sauver ainsi des provinces entières de la faim et de la mort, et qui, par crainte de quelques bavards, laissent écraser de malheureux expatriés, ils sont plus odieux encore, car, ils ont, eux, la férocité de la lâcheté.

*
* *

Les théoriciens arrangent le recrutement et le rôle de l'armée de façon à la mettre à leur service, sans s'inquiéter de savoir si, une fois établie ainsi, elle pourra lutter contre les armées voisines. Elle aura pour unique but de protéger leurs idées et d'assurer leur repos.

La justice sera gratuite, et les juges élus, comme les autres fonctionnaires, d'ailleurs ; le suffrage universel étant, naturellement, le grand ressort de la machine.

L'instruction sera gratuite pour tous, et poussée jusqu'à ce que l'élève soit électeur, afin de le mieux tenir.

Pour faire face aux dépenses, les grosses fortunes, — sauf les fortunes juives, bien entendu, — seront taxées dans d'énormes proportions.

L'héritage limité à la ligne directe, en attendant mieux. Les femmes auront les mêmes droits que les hommes.

Le gouvernement monopolisera les quatre cinquièmes des productions.

Comme science et religion obligatoires : le matérialisme.

**

Les ouvriers qui réclament ces progrès, ne se demandent jamais si la réalisation de leurs souhaits ne causerait pas la suprême catastrophe, si le pays ne mourrait pas de l'application de ces théories dont le premier effet serait de faire passer à l'étranger tout ce qui pourrait traverser la frontière. Ils voient, ou croient voir, des biens à certains endroits, et il leur faut ces biens ! Ils les exigent parce qu'ils sont les plus forts ; car pour eux, il n'y a pas d'autre considération. Ils prendront tout ce qu'ils pourront, dès qu'ils le pourront.

Dans cent réunions publiques comptant chacune deux mille socialistes, on ne citerait pas un seul cas d'un orateur proposant d'accorder, de laisser quelque chose aux bourgeois, aux boutiquiers.

La liste des revendications socialistes est une longue série de menaces, d'entraves, de suspicions, d'exclusions.

Certainement ce parti compte sur la lâcheté générale pour régner par la terreur, car s'il cherchait à attirer à lui les bonnes volontés, il n'oserait pas avouer des exigences qui conduiraient, en six mois, le peuple à la ruine et à la pire des tyrannies.

En effet, si les idées collectivistes triomphaient, qui gèrerait cette immense banque ?

L'Etat ? Des chambres pareilles aux nôtres ? Ce serait le gâchis encore plus complet après un favoritisme encore plus effréné.

Des délégués spéciaux de la masse ? Elle est trop inintelligente pour échapper à l'obsession des hableurs, des prometteurs de merveilles.

On aurait pour chefs ces petits tribuns, ces intrigants si hargneux, si partiaux ; ce serait la querelle quotidienne et enragée autour de la pâtée.

Toutes les théories d'écoles socialistes sont péniblement combinées, volontairement confuses ; des thèses et des systèmes qui fondent au soleil du bon sens.

Lorsqu'on les résume en une phrase on s'aperçoit aussitôt de leur stupidité ou de leur folie.

Le seul moyen de bien diriger le peuple est de lui donner de bons maîtres, et de lui apprendre ce respect des hiérarchies obligatoires sans lesquelles tout craque et s'effondre.

Les théoriciens du socialisme le savent bien. Ils se heurtent depuis cinq mille ans à cette évidence : l'homme est un être mal équilibré, d'essence jalouse et injuste, placé sur terre dans des conditions déplorables ; pour lui permettre de lutter contre la Nature et contre ses propres vices, il est nécessaire d'organiser et d'anoblir cette obéissance sans laquelle il ne saurait prospérer.

*
* *

Le groupement des travailleurs en corporations qui fut, pour la Bougeoisie du Moyen Age, une source de fortune et de puissance, est devenu très inquiétant depuis qu'il n'existe plus de pouvoir supérieur à cette force, parce que le seul principe admis par les syndiqués est l'élection au suffrage universel, et que ce mode admet un changement absolu de direction du jour au lendemain, qu'il se ressent toujours des caprices et de la sottise des électeurs.

Le jour, prochain peut-être, où les syndicats seront obligatoires, on aura décrété la ruine régulière et fatale du pays.

Il se ferait, dans le monde de l'industrie et du commerce, ce qui se fait dans le monde politique, la loi subirait les influences d'une masse inintelligente, les conditions du travail ne seraient plus normalement assurées.

Il se formerait dix partis rivaux, sacrifiant leur avenir à l'assouvissement de leur jalousie ; on assisterait à une désorganisation exactement pareille à celle dont meurt la France depuis qu'elle est aux mains des politiciens.

Dès que les syndicats n'auront plus à lutter, qu'ils seront les maîtres, ils se mangeront entre eux. Ce sera le gâchis social après le gâchis politique.

Ce sera fatalement la grève générale.

Or, si au point de vue théorique, la grève permet à l'ouvrier d'imposer ses revendications à un patron injuste, dans la réalité, en France surtout, elle tend à fausser le contrat du travail, l'ouvrier conduit par les politiciens étant incapable de s'arrêter sur la limite de ses droits.

Les meneurs ne cesseront pas de lui prêcher la haine du patronat lorsqu'il aura obtenu le partage normal des bénéfices.

Et il les suivra encore !

Là, comme ailleurs, il ira trop loin et de travers, étant dirigé par des aigrefins qui exploiteront son ignorance au moyen de mots vides qu'il prendra pour des principes.

Ce qu'il y a de plus clair, c'est que, pour acquérir des droits très vagues et très aléatoires, les ouvriers s'enregimentent sous la férule des syndicats comme si la tutelle administrative ne leur suffisait pas.

Du reste, la grève générale amènerait la guerre et la misère sans changer les conditions du travail.

La tourmente passée, l'avenir et le bien-être appartiendraient aux nations bien gouvernées, bien dirigées, confiantes en leur force, à l'abri des théories décevantes, ayant appris que des formules ne suffisent pas pour guérir le mal humain.

On peut écrire des milliers d'articles sur les rapports du patron et de l'ouvrier, on peut éditer des lois longuement discutées, sans que la question sociale fasse un pas vers une solution normale, car les systèmes les plus ingénieux ne valent pas une bribe de bon sens.

Pourquoi vouloir façonner en un moule commun les êtres composant la race humaine, si ondoyante et si diverse?

Chaque époque a assisté à une transformation des rapports entre le travail et le capital. S'imaginer qu'il faut trouver un nouvel équilibre parce que la valeur de l'argent, la main d'œuvre et les relations commerciales ont changé, c'est vouloir donner une forme définitive à un liquide.

Cela change constamment.

Chaque génération, chaque pays, chaque métier ont des besoins spéciaux qu'une formule générale ne saurait réglementer.

*
* *

Il y a des lois absolues qu'on ne peut méconnaître : la nécessité des hiérarchies, par exemple, ou la distribution du salaire selon les services rendus. En revanche, les théories les mieux combinées et les formules les plus attrayantes ne sont que de la poudre aux yeux.

Les progrès viennent à leur heure, malgré tout; en esseyant de les hâter, on n'améliore la situation des uns qu'au détriment des autres. C'est un changement et non une solution.

*
* *

L'Idée chrétienne manqua un de ces progrès, comme en manquera un la Foi en une survie dans les mondes voisins.

Depuis le Moyen Age, malgré l'entassement des théories prétentieuses, le peuple n'a rien gagné en liberté réelle, en bonheur réel. Rien. Il a toujours payé le progrès plus cher qu'il ne valait.

La vie d'aujourd'hui est plus longue, mais gâtée par la peur de tout : du chef, du voisin, de la misère, de la vieillesse, de la mort, de la tristesse qui suit, aussitôt, les joies factices.

Ce qu'on sait ne vaut pas ce qu'on croyait.

Le faible est pris dans les mêmes étaux ; le pauvre est toujours tondu. L'usure s'appelle épargne ; la levée des impôts est mieux organisée, voilà tout.

*
* *

Si l'on pouvait comparer l'existence d'une famille d'aujourd'hui à celle des aïeux de 1500, on verrait de combien de nobles sentiments, de bons rires, de joies sereines, d'heures charmantes, il a fallu payer l'air plus pur et la lumière plus vive.

On comprendrait alors quel boulet de douleurs et de hontes traîne notre vieille humanité. On se rendrait compte de la vanité de ces grands penseurs cherchant à résoudre, avec des formules, ces questions au fond desquelles grouillent les mauvaises passions humaines.

*
* *

Pourtant, comme les théories socialistes, bien que reposant sur une conception fausse des conditions d'ici-bàs, excitent les appétits et flattent les défauts de la masse, elles amèneront, très probablement, une révolution qui bouleversera les institutions actuelles.

Seulement, ces institutions se reformeront bientôt d'elles-mêmes, parce qu'elles sont la conséquence des inégalités terriennes, de la nécessité des hiérarchies, d'un besoin de foi et de direction dont les socialistes ne tiennent aucun compte.

Dans la lutte entre le capital et le travail, commencée depuis qu'il n'existe plus de puissance supérieure à l'argent, et qui paraît devoir remplacer toutes les autres batailles, la production sera fatalement victorieuse.

Dix mille hommes ont raison de quarante.

Jusqu'ici le capital a pu garder ses positions, parce que le prolétariat a suivi les politiciens, et que les capitalistes ont acheté les politiciens. A leur gré, les actionnaires ont pu apaiser les grèves, les faire dévier, les noyer dans le sang ou dans l'eau bénite de cour; les travailleurs représentés par des hommes politiques, obligés de s'en rapporter à eux, ont été dupés, et ils ne comprennent pas encore comment une force comme la leur en est réduite à se courber devant une force évidemment inférieure.

Mais cet état de choses n'est pas éternel.

Pendant dix, vingt, trente ans, les producteurs pourront accepter ce bernage; il est certain que le prolétariat verra clair un jour, ne se laissera plus marchander et vendre.

A ce moment, la lutte, bien établie, sera très courte.

Tout cédera sous la force du nombre, et on assistera au triomphe absolu des travailleurs. Le capital ne pourra même plus compter sur l'administration ou sur l'armée, qu'il aura laissé désorganiser par les politiciens, ses alliés.

Il y aura, durant quelques années, un état révolutionnaire, où ce qui vit des grosses fortunes, l'art, l'industrie, les essais scientifiques, sera suspendu. Mais on peut l'affirmer : après cette bourasque fatale, la seule épreuve qui puisse guérir le peuple des fantasmagories égalitaires, la société se reformera avec des millionnaires, des mendiants, une hiérarchie, une armée puissante aux ordres des premiers de la hiérarchie.

Malgré eux, les hommes obéiront à la loi humaine. On reviendra à l'état social normal; on n'aura plus le désir d'aller contre la nature humaine, de traiter d'une façon identique des sujets tous très dissemblables.

*
* *

La mutualité, le partage proportionnel, l'État père et caissier, c'est la gamelle, l'écuelle de pâtée servie par des fonctionnaires, et l'homme n'aime pas cela!

Il y a trop d'indépendants, d'artistes, de jouisseurs, de jaloux, d'ambitieux, il y a surtout trop d'imbéciles et trop d'aigrefins, pour que l'idéal des socialistes soit longtemps accepté !

Le seul service que les socialistes auront rendu à l'humanité sera de l'avoir guérie de cette dernière illusion.

*
* *

En organisant la lutte des classes, on organise le gâchis et la misère.

Nul n'en doute ; il y aura toujours des gens économes, amassant une fortune, alors que d'autres resteront sans un sou.

Il faudrait donc prêcher la nécessiter d'accepter cet inévitable état de choses.

Au lieu de cela, les possédants et les travailleurs ne parlent que de leurs droits et luttent pour l'imposer.

Il y a des accalmies, des journées sanglantes et d'autres tranquilles, mais c'est la guerre toujours.

*
* *

Or, étant donné ce qu'est l'homme, cette guerre ne saurait avoir d'issue, elle recommencera perpétuellement.

Alors ne vaudrait-il pas mieux semer l'apaisement que la révolte, ne promettre à l'ouvrier que ce qu'il peut garder, ne demander au patron que ce qu'il peut donner?

Il ne faut pas dire au pauvre qu'il a autant de droits que le riche ; ce n'est pas vrai ! Le riche a les droits de son père, de son grand-père, qui ont rendu souvent des services à la collectivité, se sont sacrifiés pour lui, ont travaillé précisément pour qu'il ait des joies, une puissance supérieures à celles des autres !

Il ne faut pas dire davantage au riche qu'il a le droit d'imposer sa volonté, ce n'est pas vrai ! Il fait partie de la famille sociale et s'il ne se sert pas de la force de son or pour aider à la richesse générale, son égoïsme autorise les pires châtiments.

Le sort de l'humanité ne pourra s'améliorer un peu que lorsque la foi en une survie sur les planètes supérieures aura groupé des êtres qu'il est nécessaire d'élever au-dessus des vilenies terrestres.

Car, en dehors des élans mystiques, des poussées religieuses, aucun mouvement n'a donné de résultats durables.

L'histoire le démontre ; après la bataille guerrière, sociale, économique ou politique, les vainqueurs ne cherchent qu'à profiter de leur victoire en opprimant, en exploitant les vaincus.

Seul, un élan religieux, une croyance en un monde réparateur des injustices terriennes, peuvent élever les hommes au-dessus des querelles d'appétits.

En dehors des grandes manifestations de la Foi,—

vite faussées jusqu'ici parce que les principes étaient absurdes, et que les fourbes se cachaient sous le masque religieux, mais qui, malgré cela, ont fait faire aux hommes les rares pas vers les consolations du Bien, — il ne saurait y avoir que des changements sans portée réelle, faisant payer à la masse les bénéfices de quelques-uns.

Le paysan ne voit plus son champ pillé par des bandes, seulement le gouvernement l'écrase tellement d'impôts que la vie des champs, si favorable au corps et à l'âme, est plus abandonnée chaque jour.

L'ouvrier peut disposer de sa paie ; seulement, tenu dans les bagnes des ateliers modernes, ne trouvant plus au foyer les consolations d'autrefois, il tombe dans l'ivrognerie et meurt brûlé, après une existence de rancœurs et de souffrances.

Les Juifs, en drainant l'épargne par des coups de bourse pratiqués sous l'œil attendri du gouvernement, ou bien en développant, par des réclames savantes, le goût du luxe, faisant un besoin général de ce qui n'était que le caprice d'une classe, ont obligé les ouvrières à un labeur terrible pour un salaire insuffisant.

Plus la civilisation se répand, et plus les travailleurs sont exploités avec férocité.

On est épouvanté lorsqu'on assiste, dans les faubourgs, dans les villages, à la dépense de force exigée de mères, de fillettes, de gamins, voués à une existence maudite.

On a coutume de présenter la vie actuelle comme beaucoup plus longue, plus fière, plus libre que celle de nos aïeux

Rien n'est moins vrai.

La moyenne de la durée des existences est très supérieure à celle des Européens du Moyen-Age, parce qu'à cette époque les villes étaient construites contre les règles les plus élémentaires de l'hygiène; les groupements des citoyens semblaient appeler les maladies contagieuses.

Mais les Romains et les Grecs, les Chinois de Confucius et Arabes de Mahomet vivaient autant que nous.

Et quelle différence entre notre Société, abrutie par l'alcool, veule, névrosée, lugubre, toujours courbée vers les tripotages de l'or, enfermée dans les casernes ou empilée dans les ateliers, et le monde de jadis, vibrant, gai, solide, s'épanouissant au grand air, goûtant toutes les griseries de cette Nature qui nous entoure de ses caresses et dont nul ne s'occupe plus !

*
* *

L'homme et la femme sont faits pour vivre au soleil, pour respirer la brise des roches, pour marcher par les routes embaumées.

En organisant le travail comme il l'est, c'est-à-dire en condamnant les mineurs à la nuit éternelle dans le grisou, les couturières à quatorze heures de travail par jour, courbées en deux, dans la buée des haleines, en obligeant les corps de métier à un effort quotidien hors de proportion avec les forces humaines, et dans des conditions atroces, on a causé beaucoup plus de mal que n'en eussent fait des guerres régulières.

Les socialistes parlent toujours de réglementer le travail.

Ce n'est pas le travail qu'il faudrait réglementer, c'est le genre de vie qu'il faudrait changer en revenant à dix-huit siècles en arrière !

Car enfin, le progrès a pris des paysans vivant dans leur famille, entre leurs aïeux et leurs enfants, dans la joie du matin et la mélancolie pénétrante des soirs, s'intéressant aux floraisons, aux troupeaux, à ce qui vit, à ce qui mêle son âme à la nôtre, pour en faire quoi ? Des ouvriers courbés sur des machines stupides, ou des mineurs enfouis dans des sépulcres, ou des soldats parqués dans de grandes boîtes, ou des employés constamment penchés sur des registres !

Les splendeurs de la nature élèvent l'homme, le

rendent meilleur ; les querelles sociales, les intrigues et les vilenies des appétits, troublent son esprit et rétrécissent son cœur.

Arracher un homme à son champ pour le jeter dans une caisse sans air et sans jour, est un crime, car c'est l'enlever aux seules émotions puissantes et consolantes.

*
* *

Sous ce rapport, le paganisme, avec ses fêtes par les vallons sonores, et son existence au soleil radieux, était très supérieur au christianisme, qui se ressentit toujours de ses débuts dans les souterrains, se plut aux songeries du cloître et, pour ainsi dire, recroquevilla l'âme ; — c'est le grand défaut de la religion chrétienne : elle est triste.

Mais le système actuel est encore bien inférieur au système chrétien.

Guidés par les Juifs et les Politiciens, gens incapables de comprendre la vie des choses, les travailleurs ont renié les joies sereines de jadis pour accepter l'esclavage sombre de l'atelier, de la caserne, de la boutique.

Plus on va et moins on lève les regards vers le ciel, vers les spectacles merveilleux dont devraient se griser nos yeux ; on se courbe vers les tripotages terriens ; on demande l'apaisement et les consolations à des plaisirs incapables de les donner, et on finit dans le délire de l'alcoolisme ou dans les rancœurs des haines politiques.

Le lent et constant effort des dirigeants, depuis la prétendue libération des producteurs, tend à les emmurer, à les encager. Il faut que pas un souhait du pauvre ne s'égare, que son unique souci soit d'enrichir les riches !

Et cela pourquoi ? Pour que les Juifs aient tellement de rentes qu'ils ne sachent plus qu'en faire !

Si encore c'était le patron qui gagnât l'argent, si c'était le chef de l'atelier, mais c'est l'intermédiaire, le banquier qui escompte le travail, l'usurier qui l'exploite, l'Etat qui l'impose, les gens de loi à l'affut d'une faillite, le politicien qui viendra prêcher la grève, et surtout le Juif qui pousse le politicien, excite le justiciard, commandite l'usurier, et finit par tout ramasser !

Et pour que cet étranger achète des châteaux princiers, il faut que des millions de français, d'allemands, de russes, d'anglais ou d'américains au lieu de s'épanouir dans les splendeurs d'une terre où il n'y a de vraiment admirable que les merveilles de la Nature, s'attèlent à un outil comme un mulet à son collier, et râlent jusqu'à leur mort, suant leur sang et crachant leurs poumons, ahuris de l'infâme hypocrisie de cette société qui parle sans cesse d'améliorer leur sort, et les fait chaque jour plus misérables et plus désespérés !

12.

***

La Terre est victime des raisonneurs.

Les études quintescenciées des socialistes ne sauraient avoir une influence heureuse, parce que la masse ne se prête pas aux arrangements nécessités par ces systèmes.

Il faudrait, au contraire, arracher l'humanité à l'action des théoriciens, faire comprendre que la réalité n'est pas subordonnée à quelque chose d'aussi faux, d'aussi piteux que la Raison humaine, — cette raison par laquelle les positivistes veulent remplacer l'idée de Dieu !

***

Il est probable que les théoriciens du socialisme ne se font pas illusion sur la valeur des systèmes qu'ils préconisent.

Seulement ils connaissent l'effroyable lâcheté actuelle, et cherchent à s'imposer par la terreur.

Au fond, le plus bel atout de leur jeu, est la peur qu'ils inspirent. Dans un pays comme la France, qui traverse une crise de lâcheté après avoir connu des crises d'héroïsme, cet atout suffit presque à assurer la partie.

Mais chez les peuples non avilis par la politique juive, on n'acceptera pas longtemps une tyrannie hargneuse dont les résultats seraient fatalement la guerre et la misère sans trêve.

***

Au lieu de souffler la révolte au peuple, on devrait lui apprendre cette chose si nécessaire ici-bas : la résignation.

On ne lui en parle jamais : c'est un mot qui n'arrive pas à ses oreilles. Pourtant la résignation lui épargnerait ces crises de colère, ce besoin de s'étourdir, cette rancœur et cette jalousie dont il souffre tant !

Les trois quarts de ses maux viennent de ce qu'il demande à la vie et à la société plus qu'elles ne peuvent lui donner.

Avant de lui montrer les très rares heureux, — dont le bonheur est souvent en façade, — il faudrait lui mettre dans le cerveau que l'homme ne saurait prétendre à un bonheur solide et durable ; c'est un être à l'esprit faible et au corps malingre, placé dans un milieu injuste et brutal où la maladie et la misère sont une règle comportant fort peu d'exceptions.

La somme de bien-être procurée par l'organisation sociale, est très minime et, pour la procurer, elle exige de très durs sacrifices.

***

Ce que veut l'homme ne ressemble guère à ce qu'il peut. Il faut toujours tenir compte de la lâcheté et de l'incohérence terriennes, et ne pas chercher des résultats que ne comporte pas notre vilaine petite planète.

Les nations, comme les individus, doivent leurs rares heures de bonheur à des circonstances souvent imprévues, au génie d'un maître, à une découverte, à un élan vers l'art. Les formules générales y sont pour très peu.

Il sera impossible d'imposer le bien-être à un peuple tant qu'on ne pourra pas lui imposer les vertus qui le procurent.

L'égalité de la fortune ne se décrète pas, parce qu'on ne décrète ni le sens de l'économie, ni l'amour du travail.

.

Les remèdes proposés feront tous du mal aux uns avant de faire du bien aux autres. La base du triangle ne gagnera jamais rien qu'au détriment des couches supérieures.

Pour les miséreux, victimes des cruelles ironies du sort, les systèmes expliqués par les orateurs socialistes semblent fort clairs : on ne leur en montre que le côté attrayant ; en réalité, ces systèmes seront toujours inapplicables dans la famille humaine, composée d'êtres dissemblables et jaloux, où la majorité a la rage d'aller derrrière des menteurs qui l'exploitent, alors qu'elle devrait se fier seulement à des chefs ayant donné l'exemple d'un labeur fécond et d'une vie sans tache.

On pourrait espérer, peut-être, un peu d'amélioration à la souffrance terrestre si les théories égalitaires devaient être appliquées par des êtres de bon vouloir sous la direction de conseillers ayant fait leurs preuves ; il est inutile d'y compter du moment qu'elles sont la propriété d'un parti politique, c'est-à-dire d'un groupe d'ambitieux condamnés, — et prêts, — à toutes les compromissions.

***

Car ce qui prouve le peu de confiance des chefs socialistes dans leurs doctrines, c'est la facilité avec laquelle ils obéissent aux Juifs, servitude cachée quelque temps, incontestable aujourd'hui.

Lorsqu'on a vu les plus féroces partageurs lancer leur suite à la chasse du capital qui fait vivre les ouvriers, pour ne jamais s'occuper des étrangers venus pour drainer l'épargne et l'emporter au loin, on a cessé de comprendre.

Il y a eu, dans ce milieu, la désillusion navrée éprouvée déjà par les vieux républicains devant le gâchis actuel.

En effet, quelle confiance accorder à des observateurs qui s'occupent des crimes du capital producteur, et ne voient pas, ne veulent pas voir, qu'il y a 30 ou 40 milliards volés sans service rendu en échange !

Du jour ou beaucoup de socialistes sont entrés au

service des juifs, ils ont perdu toute raison d'être.

Il est évident que le prolétaire n'a pas de pire ennemi que le juif.

Les capitalistes emploient des ouvriers pour gagner de l'argent, mais ils les paient, ils courent des risques, un contrat les lie, et les travailleurs ont intérêt à ce que le capital prospère.

On ne peut reprocher à un homme de vouloir s'enrichir ; c'est la plus naturelle des aspirations, c'est le rêve de tous les pères, de tous les citoyens.

On ne peut même pas blâmer outre mesure le prodigue qui dissipe l'héritage péniblememt amassé.

Qu'on le dépense ou qu'on le gaspille, le produit du travail sert à payer le produit d'un autre travail.

Le viveur qui offre un souper de cent louis fait vivre les producteurs des choses de luxe.

Le vrai danger est qu'un étranger pauvre s'installe dans une contrée, s'y enrichisse par des moyens douteux, et emporte ou envoie son or à son pays d'origine.

Ici, le peuple qui a sorti cet or du sol est volé. Il ne reverra plus ce qui lui serait revenu.

La France possédait un trésor immense, une réserve prodigieuse d'écus et d'objets de valeur.

Cette fortune, célèbre dans le monde entier, serait encore chez elle, en elle, sans l'invasion juive.

Transformée, certes, passant de l'avare au prodigue, du sot à l'inventeur, mais elle y serait.

Elle n'y est plus.

Les Juifs l'ont emportée au loin. Si les Juifs ne l'avaient pas emportée elle y serait encore, parce qu'entre les nations il s'établit un échange régulier qui n'appauvrit pas ; entre les individus de même famille, il y a communion constante d'intérêts.

Le Juif seul prend et emporte à jamais.

*
* *

Eh bien ! tel a été longtemps le miroitement des mensonges socialistes, qu'il a fallu des scandales accumulés pour faire tourner leurs yeux vers ces Vérités.

Il existe encore en Europe, et surtout en France, des ouvriers pour qui les grands tripoteurs juifs sont sacrés comme des phénomènes en dehors et au dessus de la lutte sociale.

Ces mêmes hommes qui reprochent à un curé sa bonne mine, et maugréent contre les bureaucrates paresseux, admettent, avec un vague orgueil, le rôle du Juif.

Il semble que, pour eux, toutes les puissances soient odieuses, sauf l'argent juif ; qu'on doive traquer le patron, le juge, le général, le prêtre, mais respecter les fils de Sem.

Comme leurs chefs, ils ne convoitent que les millions chrétiens, trouvant naturel que les Juifs possèdent des fortunes formidables, avec une sorte de monopole pour les affaires qui drainent les économies des travailleurs.

* * *

Les journaux socialistes semblent ignorer qu'il existe des palais, acquis avec les derniers sous des malheureux, où des barons insolents épanouissent leur vanité dans la prosternation des pouvoirs publics.

Jamais on n'y lit un mot de révolte devant cette absorption du travail humain par quelques milliardaires, devant ces fortunes folles venues de la rafle de cette chose respectable entre toutes : l'épargne, c'est-à-dire le prix du travail supplémentaire, le pain des vieux jours, la dot de la fille, le coin de terre au champ d'asile.

Des menaces quotidiennes contre le patron de l'usine ou le propriétaire du domaine, chefs, souvent dévoués, d'une famille de serviteurs.

Par contre un silence profond sur l'accaparement, par des Juifs qui n'ont même pas leur résidence chez nous, des merveilles de l'art ou des objets nécessaires aux pauvres.

Le patron risque son argent, travaille, supporte les grèves, les impôts, les révolutions : — il est désigné aux colères de la foule.

Le Juif ne produit pas, ne risque rien : la ruine des autres est la principale source de sa fortune, on ne revoit jamais l'argent qu'il a pris, il ne craint ni grève, ni révolution : — il est respecté !

Ceci dépasse le bornage permis.

Que, pour ces journaux, le Juif soit sacré, cela se comprend, mais pour les lecteurs !

Ils ne se disent donc pas qu'il y a là un exemple abominable, une exploitation plus terrible cent fois que celle qu'ils reprochent au capital producteur, à ce capital français dont les intérêts sont liés à ceux du travailleur français, alors que les intérêts du Juif cosmopolite lui sont opposés !

A moins de faire une révolution, — qui avorterait comme les autres, — les ouvriers subiront la loi du plus riche, du plus fort, la loi humaine, terrienne.

Ils ne peuvent exiger de ce capital français, fruit d'un labeur de Français, que d'être dépensé en France ; la nation ne sera pas frustrée de sa fortune.

Mais ce qu'ils ne devraient accepter à aucun prix, ce qui les tue, c'est l'étranger venu, pauvre, s'emparant de l'épargne, et l'emportant pour en faire des chemins de fer et des canons étrangers !

Ici, ils sont irrémédiablement volés, sans espoir

de rentrer dans cet argent que le plus habile aurait amassé, mais qui serait retombé fatalement dans le trésor commun.

***

Les socialistes crient :
— Au voleur ! devant le fils d'un usinier qui a passé huit ans au collège, deux ans à l'école Centrale, trois ans à l'armée, qui s'est attelé ensuite à la besogne du matin au soir, pour faire face aux échéances, se créer des débouchés, assurer le travail des siens, nourrir des familles françaises ; et ils n'ont pas un mot de désapprobation pour le Juif qui a spéculé sur toutes les formes de la pauvreté, puis s'est glissé à la Bourse, où dix ans de suite il exploitera ses relations comopolites, deviendra riche, très riche, et retournera dans son pays d'adoption pour dire à ses cousins :
— « Allez donc en France ! Il y a encore un peu « d'argent, et les chefs ne demandent qu'à vous le « livrer ! Tout y obéit aux Juifs : l'Armée, la Ma- « gistrature, les Socialistes ! Allez ! et revenez mil- « lionnaires ! »
Quelle comédie !

Le seul argument qu'ils pourraient invoquer en faveur d'une révolution dans les lois du travail, est précisément la venue, depuis 30 ans, du Juif, de l'intermédiaire qui exploite à la fois l'ouvrier et le patron, et prend d'avance le bénéfice ; de l'accaparour, du spéculateur, de celui qui, sans risquer et sans produire, empêche l'échange régulier des marchandises, et oblige le maître à rogner sur le prix du labeur.

Avec les excitations malsaines, c'est la vraie cause de la crise, et toutes les grèves, et tous les syndicats ne l'apaiseront pas !

Parler sans cesse de socialiser la fortune publique, et ne jamais faire allusion aux agissements des Juifs, c'est se moquer de ses auditeurs.

Quand un médecin veut guérir son malade, il va droit au mal ; le charlatan ne cherche qu'à vendre ses drogues : il fait des discours.

Quelques socialistes disent qu'ils ne sont pas antisémites parce que les cléricaux le sont, — comme si, parce qu'il y a des loups dans un domaine, il fallait y amener des tigres !

Au fond, juifs et socialistes s'entendent fort bien.

Ni les uns ni les autres n'admettent de patrie.

Les peuples seraient plus heureux chez eux, entre frères ; le bien est plus facile si l'on se connaît, si l'on a la même origine et le même but.

Vouloir ne plus faire qu'un peuple des peuples terriens, c'est recommencer le chaos des premiers âges, et imposer la tyrannie des races de proie.

Les socialistes cantonnent leurs adeptes dans les

questions de pécule, et les Juifs voudraient que le peuple n'ait plus de respect que pour l'or, force unique, parce que, sur ce terrain, ils sont les premiers, ils triompheront tant que la bataille aura lieu sur ce champ.

*
* *

Chaque nation qui s'enjuive a une tendance à renier le passé le plus glorieux : c'est le premier soin des Juifs d'exiger ce reniement.

Aux légendes mystérieuses et poétiques des Saxons, aux splendides évocations, aux élans mystiques des Latins, aux élévations instinctives de tous les peuples, ils veulent substituer la querelle stupide autour de la pièce d'or.

De même, dans les discours des socialistes juifs, il n'est jamais question que de capital, de salaire, de socialisation ou de partage des biens. Jamais on n'y parle des apaisements du foyer, de la gaîté sereine et attendrie des fêtes, des consolations de la prière ou du pardon.

*
* *

Les politiciens ont brisé les provinces, parce que c'étaient de grandes familles, et qu'une famille résiste plus facilement à l'oppression que des individus sans religion commune.

Au lieu de Provençaux, de Bretons, de Gascons, chantant chacun dans une langue sonore, gaie et spirituelle, les charmes de leur terroir, s'éclairant et se chauffant aux lueurs du passé, on a des électeurs tristes, hargneux, ahuris, parlant un français ridicule, abandonnant leur village où plus rien ne les retient, et finissant par se réfugier dans l'alcoolisme.

Cet état de choses est le fait des Juifs, c'est ce qu'ils ont exigé des politiciens.

Et c'est le côté le plus abominable de leur œuvre. Car on leur passerait, semble t-il, de nous avoir pris notre fortune, s'ils ne nous avaient pas imposé leur mentalité, leur goujaterie, leur besoin de vils trafics, leur mépris de ce qui seul peut faire la Terre douce aux âmes nobles !

*
* *

La première chose que cherche le Juif, c'est la destruction du foyer, du nom, de la fierté du passé, de l'héritage de gloire et de Foi, de ce qu'il n'a pas, lui, l'éternel vagabond, de ce qu'il ne comprend pas, lui, le sans Patrie !

Plus rien n'existera que l'or, cet or qu'il sait accaparer, et par lequel il tiendra le monde entier sous sa loi.

Dès qu'il a un peu d'autorité, il l'emploie à courber les têtes vers les tripotages, certain de son triomphe quand ses victimes ne verront, ne comprendront rien autre, quand elles auront tout oublié, tout renié !

C'est ainsi qu'il a su imposer son besoin de destruction sous couvert de travaux utilitaires qui renversent les monuments gothiques pour le tracé d'un tramway.

Il s'en est même pris aux montagnes, semées aujourd'hui d'hôpitaux et de casinos, aux chaumières dévalisées par ses courtiers, aux horizons souillés par des affiches, aux arbres des forêts qui abritaient les nids de colombes et les serments des amoureux, et qu'il transforme en papier d'imprimerie.

Quand on songe qu'on abat des chênes splendides pour publier les compte-rendus des séances du Sénat !

*
* *

Si le Juif s'est imposé à la Terre entière, dans la seconde moitié du siècle dernier, c'est que la politique s'est répandue partout, est devenue une occupation commune, et qu'on peut toujours tenir les politiciens.

Tous les hommes politiques, même les riches, sont besogneux.

Ils représentent trop d'appétits pour être libres, ils ont trop fait de promesses pour ne pas être gênés par ces promesses.

Et le juif a pour objet, ici-bas, l'exploitation du besogneux.

La ploutocratie est toute puissante depuis que les politiciens ont tout le pouvoir.

***

On ne saurait trop montrer l'écrasement du peuple par ces juifs que servent les socialistes.

Il y a 40 ans, l'argent produisait 5 o/o. Aujourd'hui il donne à peine du 3.

Un contremaître, un boutiquier, un employé, qui avaient économisé 40.000 francs, chiffre moyen de ce que fournit l'épargne d'une existence de labeur intelligent, pouvaient, à la soixantaine, se retirer avec 2.000 francs de rente et, par conséquent, vivre honorablement.

A présent, l'argent est aussi rare, le travail aussi dur et, dans une situation identique, le contremaître ou le boutiquier avec leurs 40.000 francs n'ont plus de quoi manger.

Il est extraordinaire qu'un ouvrier ne dise jamais :

— Autrefois je pouvais, dans des conditions normales, assurer ma vieillesse et laisser quelque chose à mes enfants, aujourd'hui je ne le peux plus. Ceux qui m'affirment que c'est un progrès se moquent de moi !

Il en est de même pour les emprunts étrangers.

Quand la France prête sur les conseils des journaux socialistes, des millions à un peuple voisin, les juifs, qui négocient l'emprunt, font sûrement une bonne affaire; les capitalistes français font, parfois, un bon placement; mais la masse des travailleurs est certainement dépouillée de son bien, car ces millions serviront à nourrir des ouvriers étrangers, tandis que, s'ils étaient restés en France, ils auraient nourri des ouvriers français.

***

La question des automobiles fournit un exemple plus brutal encore.

Il y a en France, 20 millions de paysans vivant dans les villages égrenés sur les routes.

Pauvres la plupart, ils avaient grandi sur ces larges voies, avaient joué sur ce domaine, le seul qui fut à eux.

Les mères, sans inquiétude, laissaient les enfants gaminer sur ce terrain commun, ce terrain dont nul, jamais, n'avait songé à les dépouiller.

Aujourd'hui, avec les automobiles allant toujours à toute vitesse, et plus spécialement dans la traversée des villes et des villages, c'est une angoisse constante.

Cette cour de récréation des petits, cette promenade des jeunes, ce jeu de boule des vieux, est devenu si dangereux qu'on ne s'y risque plus.

C'est la perte d'un dernier droit, d'une dernière liberté.

Il convient de le remarquer, cette obligation de renoncer à vivre sur ce bien où, de père en fils on avait grandi et dansé, n'est pas le résultat d'un besoin social ; ces voitures maudites ne portent ni lettres ni marchandises : elles appartiennent à des riches qui veulent avoir la griserie de la vitesse et la joie de faire envie aux travailleurs. Rien autre.

*
* *

Il semblerait naturel qu'entre ce plaisir misérable d'une poignée de fainéants, et la vigueur, la santé, le repos de 20 millions de français, personne n'hésitât ; que députés et fonctionnaires, journalistes et orateurs, fussent d'accord pour prendre le parti du pauvre, de celui qu'on spolie d'un suprême héritage.

Pas du tout.

Les journaux ont besoin de la réclame des marchands ; les municipalités sont au service du gouvernement qui est, lui, au service des juifs grands amateurs de ce sport sanglant ; alors on publie des statistiques grotesques, on parle sans cesse des vingt mille ouvriers employés à cette industrie nationale, et jamais des vingt millions de paysans tenus sous la terreur d'un perpétuel danger.

Peu à peu, cela passe dans les mœurs. Les centaines d'hectares appartenaient aux paysans : elles appartiennent aux mécaniciens, voilà tout.

Et le peuple est tellement abruti par la politique, qu'il renonce sous la pression de ses journaux et de ses députés, à la jouissance d'un terrain à lui.

Au lieu de prendre une fourche pour se défendre

contre cet ennemi, le paysan se contente de gestes de menace, ne voulant pas se demander pourquoi, depuis qu'il est souverain, il est plus maltraité qu'avant !

Il verrait derrière ceux qui le guident, le juif, le juif formidable et enragé, qui veut bien, maintenant, faire gagner quelques sous à ses employés, mais à la condition de satisfaire ses moindres caprices !

*
**

L'argent de l'emprunt se paie toujours plus cher qu'il ne vaut : l'or que prête le juif, on ne le paie pas, on l'expie !

*
**

Dans certaines contrées les juifs ne font pas encore trop de mal. Ils trouvent plus de résistance chez les nations très égoïstes, comme l'Angleterre, ou fortes de leur jeunesse encore sauvage, comme l'Amérique, chez les peuples saxons, pratiques, solides, prenant la vie au sérieux, que chez les peuples latins, peuples épris de mots, d'abstractions, qui sacrifient la Société à l'individu, tandis que les saxons sacrifient l'individu à la Société.

Assurément, dans tout autre pays que la France, le fait de quarante mille juifs arrivés en haillons, et devenus riches sans rendre le moindre service, éveillerait l'attention du pouvoir, cette fortune subite ayant fatalement pour résultat l'appauvrissement du peuple envahi.

L'inconscience ahurie des Français, hypnotisés par la politique, les vouait à cette dévastation.

Les Arabes, tout aussi enfants que les Français, vendant leur avenir pour assouvir le caprice d'un jour, ont, de même, été dépouillés dès que leurs chefs n'ont plus été là pour les protéger.

A Tunis, par exemple, avant le protectorat français, les Juifs étaient parqués, depuis huit cents ans, dans un quartier de la ville. Les beys les connaissaient bien et les empêchaient d'attaquer leurs sujets.

Du jour où nos hommes politiques leur ont permis de déployer leur art du pillage, ils ont pris la ville d'assaut.

En dix ans ils ont mis la main sur les biens des indigènes, et aussi des colons.

Aujourd'hui ils possèdent la moitié de Tunis, demain ils en auront les trois quarts.

Ils ont fait là-bas ce qu'ils font en France, un peu difficilement peut-être, et ce qu'ils feront en Amérique et en Angleterre avec beaucoup de difficulté.

Mais c'est une simple affaire de jours. S'ils n'emploient pas à temps les moyens radicaux, les Saxons seront vaincus, parce que, subissant la loi commune, ils vieilliront, s'anémieront.

Les Juifs resteront toujours Juifs, et ils les mangeront comme ils nous ont mangés.

* * *

On les voit déjà à l'œuvre en Allemagne et en Italie, par exemple, où ne trouvant pas, comme en France, une aristocratie et une bourgeoisie sans foi, sans union, sans ressort, se heurtant à la résistance de nations qui veulent vivre, ils pénètrent par le socialisme, se disant les apôtres du collectivisme, eux les éternels accapareurs ! et formant, à force d'argent et d'aplomb, un public pour les croire !

Ils entrent dans une société comme des ennemis dans une place, soit par la corruption, soit par l'exploitation des misères ou des vices.

* * *

Extrêmement pratiques, patients tant qu'il le faut, cyniques dès qu'ils le peuvent, les Juifs parviennent à détourner d'eux les colères de leurs victimes, soit en achetant les politiciens, soit, surtout, en fondant et en rédigeant presque tous les journaux.

De la sorte, ils ont pu accoller le mouvement antisémite au mouvement clérical, et le vouer, ainsi, à l'avortement ; — les journaux socialistes faisant semblant de croire à un retour de la tyrannie religieuse, alors que la religion n'a rien à voir dans la révolte d'une nation dépouillée par des étrangers, et les journaux cléricaux ne pouvant attaquer d'une façon efficace des gens qui les ont mis au monde et les rédigent encore.

Les socialistes ont été ravis de voir la bataille antisémite menée par des cléricaux ; ils ont pu ainsi faire prendre pour de l'anticléricalisme leur servilité envers les Juifs

Tout ce qu'ils demandent, c'est que la lutte demeure sur le terrain religieux : ils sont sûrs de vaincre.

Aussi font-ils l'impossible pour que le peuple prenne la question juive pour une question religieuse, — ils sont, d'ailleurs, servis par l'opposition qui semble ne pouvoir se dépêtrer de la glu cléricale.

En imposant leur concours, les cléricaux ont fait échouer, depuis trente ans, toutes les tentatives de révolte contre la tyrannie de la bande juive.

La seule façon d'empêcher l'antisémitisme d'aboutir était de le faire clérical.

Lorsqu'il sera national il sera irrésistible.

De même, en mêlant quelques uns des leurs aux boulangistes, nationalistes, etc., les Juifs ont éloigné et éloigneront toujours le peuple de ces manifestations.

La masse écœurée, à juste titre, des tripotages des

aigrefins au pouvoir, commence par suivre les chefs de l'opposition ; mais elle se retire, d'instinct, lorsqu'elle s'aperçoit qu'ils s'allient avec des cléricaux dont elle ne veut plus entendre parler, et, ce qui est beaucoup plus extravagant, avec des Juifs, c'est-à-dire avec des êtres cosmopolites et antinationalistes par essence, si dangereux pour un peuple que, de tout temps, dans tous les pays, dans toutes les religions, on a été obligé de les parquer dans un quartier spécial des villes, pour se mettre à l'abri de leur rage de désagrégation et de pillage.

On se demande comment des lettrés, des penseurs, peuvent s'imaginer qu'une race si pratique désire sérieusement changer un état de choses qui est son œuvre, qui lui procure des droits et des passe-droits dont elle n'aurait jamais oser souhaiter la centième partie.

Si les Juifs tiennent la presse, veulent avoir un pied dans chaque journal, c'est précisément pour gêner, pour empêcher ces mouvements qui changeraient les conditions actuelles, obligeraient la juiverie à démasquer sa puissance, ses moyens d'action.

S'associer avec des Juifs pour rendre à la nation sa fortune et sa force, alors que ce sont les Juifs qui lui ont enlevé sa fortune et sa force, ferait rire un enfant de dix ans.

Les chefs nationalistes devraient comprendre que le peuple refuse de suivre à l'assaut, un état-major dont les deux tiers appartiennent à l'ennemi.

Ils ont l'air de se moquer du public en battant le rappel des forces honnêtes dans les journaux juifs.

Peut-être croient-ils avoir besoin de cet appui.

Ils se trompent, car il y a un électeur sur dix qui aime les prêtres, et un sur dix mille qui aime les juifs.

Comme toute la presse est juive ou cléricale, il semble que seules ces deux opinions existent.

La vérité est que, dans tous les pays, il y a 80 pour cent d'électeurs que le clergé effraie et que la juiverie dégoûte.

Cette immense majorité, guidée par des chefs libres et intelligents, devrait imposer sa loi.

On sera étonné de voir la quantité de bons citoyens qui se grouperont autour de patriotes résolus à sortir la nation de l'étreinte juive, pour la faire fière et forte, et non pour la remettre sous la tutelle des prêtres, tutelle qu'on a eu le temps de juger et dont on ne veut décidément plus.

Il faudrait le répéter chaque matin, l'écrire sur les murs :

« La race juive est une race parasite qui vit sur
« les autres, ne vit que sur les autres, et on doit se
« garder de son contact comme d'un danger quoti-
« dien et mortel ».

Ce qui est surtout effrayant chez le juif, c'est sa

ténacité dans son action néfaste, son acharnement à s'enrichir aux dépens du voisin.

Après avoir délégué quelques-uns des siens à la surveillance des tribunaux ou de l'armée, et, ce qui est plus habile encore, à la bienfaisance, pour être certain de pouvoir agir à son aise, il se donne tout entier au besoin de trafic propre à son tempérament.

Il obéit à la loi de sa race.

Il est une éponge à or, rien autre qu'une éponge à or.

Comme toutes les questions concernant la société humaine, composée d'êtres très différents, celle de la répartition de l'argent est difficile à résoudre.

Car il s'agit de concilier les deux formules : « A chacun selon ses œuvres » et « A chacun selon ses besoins ».

Et de les concilier sans toucher à l'héritage, sous peine d'un abaissement énorme de la production.

Cependant, on parviendrait à un résultat suffisant, en prélevant sur la part du producteur la part du besogneux pour permettre à ce dernier ou à ses enfants de devenir producteurs à leur tour, mais pour cela, il faudrait que les deux formules fussent la règle, le but constants.

Or, à l'heure actuelle, dans aucun pays de la Terre, on ne s'inquiète de partager l'or entre ceux qui l'ont gagné et les disgraciés se trouvant dans l'impossibilité de l'acquérir.

L'or est la propriété des hommes qui savent simplement l'attirer, le voler, le décupler par l'avarice, le centupler par l'usure.

Nulle part il n'est question de lui donner sa destination normale, d'en faire le résultat du travail ou la compensation d'une infirmité.

Il est admis qu'il appartient à ceux qui ont le don de l'accaparer, et que ce don justifie les plus monstrueuses fortunes.

La société actuelle chez tous les peuples se désintéresse de ce devoir : surveiller l'argent, l'obliger à aller aux producteurs et aux besogneux et non aux rares personnes sachant profiter pour s'enrichir de l'ignorance et de la confiance publiques.

*
* *

L'argent est une force sacrée, car c'est du bonheur monayé. C'est du pain pour le pauvre, de la santé pour le malade, l'assouvissement des désirs et des besoins.

Un billet de cent francs est un billet sur la banque du bonheur.

Aussi devrait-on le garder à l'abri des accapareurs et des voleurs, comme on y garde l'eau et le blé.

Il est déplorable qu'une force aussi bienfaisante soit, non plus le paiement d'un service rendu ou la consolation d'une misère, mais l'apanage d'êtres égoïstes, inutiles, méchants, qui n'ont pour eux que de bien connaître la façon dont on draine l'épargne.

**

Les Juifs ont, sinon le monopole, du moins la spécialité de cette compréhension du mouvement de l'or; ils naissent tous avec le sens de ce qu'il faut faire pour l'attirer, et ils le font cyniquement.

Aussi, dès que les gouvernants ne veillent plus à ce que la répartition de l'argent ait lieu d'une manière équitable, les Juifs se montrent, s'imposent, dominent.

Plus l'argent est le maître, et plus les Juifs sont forts.

Il est de toute nécessité de changer cet état de choses, car le laisser établir sur la Terre serait y installer la misère et la honte, les tripoteurs financiers s'unissant aux tripoteurs politiques pour remplacer partout, comme on y tend en France, le fonctionnement régulier des institutions par un tripotage général.

**

La vie du Juif se résume en ce mot : les affaires.

Aucune de ses pensées ne s'égare.

Il ne songe qu'à gagner le plus possible sur son travail, et surtout sur le travail des autres.

Aucun homme ne passerait son existence courbé

vers les affaires. Il viendra un moment où il aura envie de se reposer, de rêver, de prier, d'oublier.

Le Juif ne le peut pas.

Poursuivi par l'obsession du gain, il rappelle cet Ahasvérus à qui Jésus cria :

— Tu marcheras toujours !

Il amasse de l'or, toujours !

Eût-il des milliards, fut-il, comme certains, riche à ne pouvoir dépenser ses rentes, qu'il se lèverait encore de bonne heure pour étudier le moyen de prendre un peu plus d'argent à la nation qui l'accueille.

Pour les fondateurs de la religion chrétienne, le fait que les Juifs sont d'essence inférieure était tellement certain, qu'ils n'ont jamais admis que Jésus-Christ fut Juif.

Ils ont imaginé sa conception dans des conditions extravagantes, plutôt que de reconnaître pour fils d'Israël, un être dont le verbe et l'exemple prêchaient l'opposé des doctrines juives.

Et, en effet, bien que l'Evangile ait été arrangé par des Latins, et transmis par des ignorants qui l'ont défiguré suivant les besoins de leurs polémiques, le fond des enseignements du Christ est trop en désaccord avec les idées et le tempérament sémites pour que le doute soit permis : Jésus serait le seul Juif qui ne fut pas Juif.

La haine manifestée à tout propos par les Juifs

de son temps contre ce semeur de Bien, condamné et tué par eux, en est la preuve. Il fut toujours traité en ennemi. Ils virent de suite qu'il n'était pas des leurs.

Jésus-Christ était de notre race, les Juifs sont d'une race différente.

*
* *

Au point de vue de la survie, du vol de nos âmes vers les mondes supérieurs, l'influence juive est fatale.

Autant l'enseignement d'un Christ ouvrant des Cieux nouveaux, d'un geste sublime, fut fécond, puisqu'il obligeait les peuples à prier et à croire, autant la puissance des Juifs est désastreuse.

Tel homme dont le cerveau eut vibré aux nobles croyances et qui, par conséquent eut trouvé dans Jupiter une existence rajeunie, a dû demeurer ici-bas, parce que les lois sociales l'avaient placé sous la férule d'un maître qui n'admettait pas l'espoir en une destinée meilleure, qui exigeait le sacrifice de chaque pensée aux vilenies terrestres.

Sans compter que ce chef réclame un labeur énorme.

Depuis que, soit directement, soit par les Conseils d'administration, les Juifs dirigent le travail, les ouvriers peinent deux fois plus que les ouvriers du Moyen-Age, et quatre fois plus que les esclaves d'Athènes ou de Rome.

**

Dans chaque nation, même en Amérique, même en Angleterre, le peuple, qui produit et qui prie, a horreur du Juif.

Seulement, en achetant presque tous les journaux, en intéressant les gouvernants au succès de ses opérations, la Juiverie a réussi à détourner d'elle les justes colères, les lançant sur des ennemis moins terribles.

Il y a trop de mendiants, de poltrons et de sots, pour que l'action combinée de la politique et de la presse ne fasse pas hésiter une partie, souvent la majorité d'une nation.

**

Chez nous, la Juiverie, se servant des politiciens, a mis la France dans cet état d'hébêtement où les autres peuples sont stupéfaits de la voir se complaire.

Si nous voulons vivre, il faut nous débarrasser de son joug répugnant.

Puisqu'elle n'a jamais pu exister sans opprimer, il faut en finir une bonne fois.

S'il doit y avoir un peuple maître et un peuple esclave, il convient que le maître soit le propriétaire du sol, et non le vagabond auquel il a donné asile.

*
**

Les Juifs ont toujours été, et seront toujours une cause de ruine et de corruption.

Les empêcher de nuire est un devoir.

C'est aussi une œuvre de Justice, — et il n'y a rien au-dessus de la Justice, même pas la Bonté !

CONCLUSION

Dans les vieux greniers dont les fenêtres sont closes depuis de longues années, les bêtes de l'ombre ont organisé leur vie, choisi leur coin, se sont installées pour toujours dans ce milieu moisi, sans air et sans joie.

Si quelqu'un entr'ouvre une lucarne, aussitôt tout ce monde fuit, se cache, étonné et furieux d'être dérangé par ce flot de lumière.

C'est une colère générale contre celui qui gêne l'existence de créatures habituées à profiter des ténèbres.

De tout temps les hommes qui ont apporté un rayon de vérité furent insultés et maltraités par les êtres qui vivent dans l'ombre, de l'ombre.

*
* *

Ce livre aura contre lui les cléricaux, les matérialistes, les philosophes, les politiciens, les féministes, les savants, les Juifs, les Socialistes, les magistrats, les fonctionnaires et les imbéciles.

C'est beaucoup.

* *
*

Ce n'est pas assez.

Evidemment tout ce monde aura vite raison de ces lignes et de celui qui les a écrites ; il ne parviendra pas à étouffer les idées qu'elles exposent.

Les premiers qui affirmèrent que la Terre était ronde et qu'elle tournait autour du Soleil furent l'objet des risées du public avant d'être torturés par les maîtres d'alors.

Pourtant elle est ronde et elle tourne, et tout ce qu'on a pu faire et tout ce qu'on ferait ne changerait rien à sa forme et à son mouvement.

* *
*

Ce qui est vrai est vrai, et ce qui est faux est faux.

Tous les systèmes religieux, sociaux ou politiques sur lesquels a vécu l'humanité, se sont brisés les uns après les autres, parce que ce qui a l'erreur pour point d'appui croule fatalement.

Autour de la vérité se groupent, au contraire, en faisceau, les découvertes qui viennent étayer l'idée première.

Mais combien faudra-t-il d'années pour imposer cette vérité redoutée par tant de gens, indifférente à tant d'autres ?

*
* *

La preuve la plus absolue de la sottise humaine, est la difficulté rencontrée par l'évidence et le bon sens pour se faire jour, alors que sont en honneur une science et des religions d'une incohérence, d'une niaiserie invraisemblables.

Comme les chouettes, l'Homme a peur de la lumière; dès qu'on la lui montre, il va se cacher dans ses temples en ruine.

Si le xx⁰ Siècle parvient à orienter la troupe humaine vers le Vrai, nos petits-fils seront stupéfaits de l'absurdité de nos croyances.

Des religions qui prêchent le Bien et s'effacent devant le Mal; une science faite avec les débris des anciennes erreurs ; une Société où dix braves gens travaillent jour et nuit pour entretenir un fainéant qui est souvent un coquin; des lois intolérables, injustes, édictées, semble-t il, pour gêner le repos de l'individu et empêcher l'entente de la collectivité; un ensemble de mensonges fous, de gageures contre la logique.

Pourtant l'obscurité ne peut pas être éternelle et obligatoire ! Il viendra bien un moment où l'on admettra des faits cent fois prouvés, de préférence à des billevesées plus stupides encore que dangereuses !

L'évidence doit finir par avoir raison de l'absurde, ce qui est doit forcément remplacer ce qui n'est pas.

Malgré la résistance enragée des prêtres de l'ignorance, il sera reconnu qu'il fait jour à midi, et que le Clergé, la Magistrature, les Chambres et l'Institut ont beau décider qu'il fait nuit, il fait tout de même jour !

*
* *

Il faudrait que dans un Parlement, — pas en France où les députés sont incapables de comprendre une question de cet ordre, mais dans un pays où les élus représentent autre chose que des appétits, — il faudrait qu'un homme à l'esprit droit montât à la tribune, pour dire :

« Ce qu'on enseigne dans les écoles est incohé-
« rent, absurde, contraire à la plus indiscutable évi-
« dence.

« Le gouvernement prétend encourager la
« science, et les élèves apprennent ce que la science
« a cent fois démontré faux.

« Les premiers livres que lit l'enfant sont des
« gageures contre le bon sens et, lorsqu'ils ne sont
« pas d'une absurdité sans nom, excitent à la haine
« et à la révolte.

« A huit heures, le pasteur lui enseigne qu'il
« ressuscitera et, à huit heures et demie, le profes-
« seur lui enseigne qu'il ne ressuscitera pas.

« Jusqu'à 12 ans il récite le cathéchisme, la Bible,
« le Talmud, le Coran, les Brahmanas, livres baro-

« ques qu'on croirait écrits par des fous. A partir
« de 12 ans, on lui apprend exactement le contraire
« de ce qu'il a appris jusqu'ici, de telle sorte que
« s'il expliquait l'astronomie, la physique, l'histoire,
« comme il les a étudiées d'abord, il serait refusé
« à ses examens.

« En philosophie, on lui parle du panthéisme,
« des destinées de l'homme, des devoirs de la créa-
« ture envers le Créateur, alors que jamais un
« Terrien n'aura la moindre idée de Dieu, de Tout,
« de la création ».

*
* *

« Comment voulez-vous que des rhétoriciens dont
« la tête est farcie de bribes de systèmes philoso-
« phique ou religieux tous différents et contra-
« dictoires, tous pétris d'ignorance et de mauvaise
« foi, des étudiants qui n'ont jamais entendu une
« parole de sens commun et de logique, deviennent
« des citoyens d'aplomb dans la société, allant à ce
« qui est simple et juste ?

« En faisant enseigner des théories stupides et se
« détruisant l'une l'autre, vous organisez l'avorte-
« ment de tous les efforts.

« Est-ce ce que vous cherchez ?

« Comment les petits juifs à qui l'on répète,
« comme parole divine, que les chrétiens sont de
« la semence de bétail, n'obéiraient-ils pas à l'ins-
« tinct pillard de leur race ?

« Vous payez des rabbins pour prêcher aux Juifs

« que les autres hommes sont de la semence de bé-
« tail, et vous poursuivez les autres hommes lors-
« qu'ils affirment ce fait, prouvé par quarante
« siècles d'histoire, que les Juifs forment une race
« parasite !

« Pourquoi établir votre puissance sur l'hypo-
« crisie et l'exploitation de la sottise humaine ?

« Quel intérêt avez vous à protéger cette folie
« d'incohérence ?

« Est-ce une obligation ? Est ce un calcul ? Pou-
« vez-vous mettre en doute que les résultats de cette
« méthode soient néfastes ?

« Cela va-t-il durer longtemps ?

« Va-t-on, pendant des siècles, obliger les enfants
« à se meubler la cervelle de niaiseries folles, si
« folles qu'il suffirait de pendre aux murs des clas-
« ses une photographie du ciel, — pas un dessin de
« convention, une photographie, — pour que le
« reste de l'enseignement parut une plaisanterie
« d'aliéné ? ».

*
* *

Ce livre est écrit dans une langue très simple, très
claire, de telle sorte que le plus ignorant puisse y
suivre des explications fondées sur des faits indiscutables.

En fermant ces pages, le lecteur aura parcouru,
une fois dans sa vie, l'œuvre d'un homme sans opinion politique, qui proclame ce qu'il sait être juste

et utile, et ne s'inquiète pas de servir une coterie ou de gagner des gros sous.

*
* *

La partie scientifique s'appuie sur l'étude de phénomènes certains ; elle refuse de s'occuper de problèmes contre lesquels se heurte l'Intelligence humaine depuis le début de l'histoire, et dont elle n'aura jamais la moindre notion.

Autant qu'on peut affirmer quelque chose, chaque étoile est un soleil comme le nôtre, autour duquel tournent des planètes. Ces mondes s'étendent au delà de ce que nous pouvons imaginer et, dans l'intervalle qui sépare chaque système solaire, l'Esprit se meut à l'aise autour des molécules tranquilles et moins denses.

*
* *

Il y a une Force intelligente et bonne, et il y a une Matière brutale.

Cette Force intelligente on la devine, on voudrait aller vers elle, elle attire certaines pensées d'une façon indiscutable.

Cette Matière inexorable on la voit à l'œuvre plus indiscutablement encore.

Force intermoléculaire, l'Esprit est d'autant plus gêné par les molécules que celles-ci sont plus agitées et, par conséquent, en traversant le cerveau de certains élus, il emporte le fluide magnétique vers les mondes baignés par les ondes calmes, vers les Cieux où il règne en maître.

Il l'attire par ce fil qui unit les globes entre eux, et dont l'action est indéniable puisqu'il soulève déjà les corps : lorsque la lune passe sur la tête d'un homme, il pèse un peu moins.

*
* *

Cette transmission immédiate de notre individualité vers d'autres planètes est un fait très naturel et très simple.

Les molécules de la Matière qui se heurtent pour produire les ondes, subissent la loi de la distance et du Temps, mais l'Esprit ignore cette loi : il ne lui faut pas un millième de seconde pour porter nos idées sur Jupiter.

Quant à notre étonnement devant cette différence entre le sort des mystiques, producteurs de fluide, revivant jusqu'aux mondes lointains, et le sort des sanguins ne quittant jamais la Terre, il est dû à notre éducation.

Rien de plus naturel, au contraire, que le fait d'une pile magnétique produisant un fluide qui suit le courant établi entre les globes, tandis qu'une autre pile fonctionne très mal ou pas du tout.

Entre une pile électrique qui produit l'électricité et une pile qui ne fonctionne pas, il y a moins de différence apparente qu'entre un sanguin et un nerveux ; pourtant l'une transmet des signes à un million de lieues, l'autre est un outil sans la moindre valeur.

Le cerveau, où l'extrêmement petit joue un rôle énorme, nous cachera toujours son secret, mais on devine aisément qu'il est une pile magnétique où l'Esprit fait naître, chez certains, des idées dignes des mondes supérieurs, et n'y parvient pas chez d'autres.

Les premiers de ces cerveaux ont la notion d'un état contraire aux conditions de notre existence terrienne.

Si l'âme demeurait sur terre elle n'éprouverait pas le besoin d'en appeler des cruautés d'ici-bas. Elle va vers des mondes où l'attire la Force juste et bonne, car sans cela l'idée ne lui viendrait jamais de s'y adresser.

*
* *

Ou bien tout ce qu'on voit, ce qu'on calcule, ce qui s'impose est faux, ou bien cela est la vérité.

Les autres affirmations sont aussi logiques.

Oui, la croûte terrestre se refroidit très vite ; l'homme est bien né à l'époque indiquée par des traditions qui ne pouvaient se tromper de beaucoup, et qui concordent, d'ailleurs, exactement, avec les degrés de température supportés par lui ;

Oui, les êtres sont sortis tels qu'ils sont de la

pourriture qui suivit le déluge, car s'ils s'étaient transformés ils se transformeraient encore, ou bien nous saurions la raison de cet arrêt ;

Oui, il y a des hommes qui ont une âme et d'autres qui n'en ont pas ;

Oui, la survie se fait à chaque instant et non après la mort, et notre obsession d'inventer un Dieu, juge exclusivent occupé de nous, aurait dû disparaître aux premières lueurs de la science ;

Car oui, surtout oui, nous sommes plus perdus dans ce qui Est qu'une goutte d'eau dans la mer, qu'un grain de poussière dans les steppes. Jamais nous ne comprendrons un mot au Grand Mystère. Lorsque nous parlons des desseins de Dieu, de la Création, de l'éternité, nous parlons de choses dont nous ignorons tout, dont nous ignorerons toujours tout !

Il faudrait subordonner à cette constatation toutes nos connaissances. Notre Terre n'est rien, absolument rien, dans l'ensemble des mondes.

*
* *

Cela, on le sait, on n'ose pas le nier, car la certitude de notre incapacité est la seule certitude que nous posssédions.

Pourtant personne ne l'établit comme fondement de ses études ; parce que cette vérité, la seule certaine, reconnue, il faudrait fermer ces classes de philosophie et de théologie où les victimes des pédants alignent, péniblement mais orgueilleusement, des mots sans signification et des syllogismes sans base.

Cette constatation de notre impuissance n'est pas neuve.

Mais on se garde bien de la proclamer, de l'appliquer.

Au contraire ! on continue à excommunier ceux qui refusent de se représenter sous une forme humaine le contenant d'un contenu qu'ils ne peuvent délimiter, et qui prétendent revivre sur des cieux qui existent et non sur des cieux qui n'existent pas.

Oui, toutes nos croyances sont absurdes, tout ce qu'on enseigne est faux, parce que le principe est faux, et on finira bien par avouer cette hypocrisie qui consiste à avancer comme article de foi ce dont le cerveau humain ne peut pas se rendre compte.

Quand les dévots promettent une éternité de supplices à leurs contradicteurs, ils sont odieux, et lorsque les matérialistes raillent les élus attirés par des mondes différents du nôtre, ils sont ridicules : rien n'est moins suprenant que le passage de notre esprit dans des globes liés à notre terre par des liens qui la tiennent à sa place.

Ces deux camps opposés exploitent la tenacité dans le mensonge propre à notre race.

L'homme est rebelle aux idées neuves, un effort cérébral l'effraie ; juger un système l'inquiète, l'ennuie. Les générations se transmettent un lot de connaissances qu'on a bien du mal à augmenter, et qu'il est beaucoup plus difficile encore de changer.

La vérité n'attire pas le peuple ; pour lui ce qui est prouvé n'a guère plus de valeur qu'une légende.

*
* *

Si les théories émises dans ces pages étaient enseignées depuis longtemps, avec l'estampille officielle, et qu'on offrit pour les remplacer les systèmes en honneur aujourd'hui, il y aurait un effarement général, tant elles sont nettes, simples et logiques, et assises sur des bases réelles.

Mais il y a trop de gens intéressés à soutenir l'ancien état de choses pour qu'on n'emploie pas contre elles toutes les formes de la méchanceté.

*
* *

Quant aux remarques sur la politique, la femme ou l'argent, ce sont des vérités courantes, condensées et rendues faciles à saisir d'un coup d'œil.

Il est certain que le pays meurt de la sottise féroce du suffrage universel, et qu'en élevant les enfants pour en faire des électeurs on n'en fait pas des hommes.

Il est certain que la cuistrerie officielle abêtit à plaisir les jeunes gens, car ils savent tous les journées de la Révolution, et ignorent à deux cents ans près, les 4 ou 5 dates qui ont marqué, comme des phares, la route de l'humanité : la grande époque

Grecque, l'hégire de Mahomet, l'invention de l'imprimerie, la découverte de l'Amérique.

Il est certain que les Juifs, aidés par les politiciens, protégés par la magistrature, ont pris à la France 30 milliards, sans lui rendre aucun service en échange.

Il est clair que la femme d'autrefois offrait à son mari plus de garantie de bonheur que celle d'aujourd'hui.

Par quelle aberration le progrès a-t-il fait de nos fillettes exquises les terribles demi-vierges, de l'épouse si dévouée la mégère des enfers parisiens, de la douce douairière, gardienne du foyer et éleveuse des petits enfants, la vieille enragée qui ne veut pas dételer !

C'est renoncer au repos que laisser se développer ce féminisme extravagant qui renaît aux époques louches ; son succès serait un véritable nid de rancœurs quotidiennes et de luttes dont souffriraient surtout les petits êtres survenus par mégarde.

*

On a presque honte de dire des choses aussi naïvement banales. Pourtant c'est la négation de ces choses qui a causé la décadence latine, et si les autres nations tombent dans la même faute, elles s'écrouleront à leur tour.

***

La première façon de faire le bien est d'empêcher le mal. On ne sortira jamais du gâchis tant qu'on laissera le pouvoir à des mains incapables.

Pour ramener et maintenir les terriens dans la voie normale, il faut éviter, à n'importe quel prix, la main-mise de la politique sur la totalité des productions.

Ici le danger est imminent et mortel.

Laisser la direction générale aux représentants des bas appétits de la foule, c'est chercher une catastrophe.

En France, où le suffrage universel est rigoureusement appliqué, la chûte du pays dans le gâchis et la corruption peut se suivre de jour en jour. Et le gouvernement fait son possible pour empêcher qu'on la constate, mais rien pour l'arrêter.

***

Les autres nations, moins atteintes que nous, parce que leurs députés sont obligés d'appartenir à une élite intellectuelle ou financière, seraient vite gangrenées si elles laissaient s'implanter chez elles nos mœurs électorales.

Du jour où les Socialistes triomphants auront donné le vrai pouvoir au vrai nombre, la lutte entre la puissance législative et les autres forces de l'Etat sera terminée. Les politiciens domineront malgré tout. Ils ne rencontreront pas plus de résistance dans l'armée ou dans la magistrature qu'ils n'en ont rencontré chez nous.

En France non plus, on ne s'imaginait pas que les généraux et les amiraux laisseraient des cuistres désorganiser l'armée ou la marine ; on n'admettait pas que les grands juges couvriraient de leur pourpre les pires vilenies.

Il n'a pas fallu trente ans pour tomber à ce degré.

Les peuples encore libres et vibrants, croyant à leur avenir, sont demeurés ce qu'ils sont parce que, chez eux, la science, la magistrature, l'armée, le clergé, l'art, sont indépendants. Si les élus du suffrage universel, leur dictaient la loi, ces forces seraient vite annihilées.

C'est de cet effondrement de l'oligarchie du talent devant le politicien poussé par le juif que meurt la France, et qu'ils mourraient sûrement.

La lutte du devoir contre le cynisme, du droit contre l'audace, est le grand mouvement actuel.

La Terre appartiendra-t-elle à ceux qui croient, prient, raisonnent, cherchent, espèrent, ou bien aux hommes sacrifiant à leurs intérêts matériels les croyances dont tressaillaient leurs aïeux ?

**

Depuis que le Christianisme règne sur les grands peuples, ces peuples ont vécu soutenus par la Foi en un monde réparateur des injustices terrestres.

La vertu était en honneur ; on donnait en exemple les hommes probes et solides au bien.

La Famille était un refuge sacré, comme le sol de la Patrie qu'on défendait contre l'invasion.

On ne s'imaginait pas une existence sans espoir, un maître sans prestige, des législateurs sans autorité.

**

Aujourd'hui, un monde nouveau tend à remplacer celui-là.

Les peuples ne veulent plus de frontières ; les maris quittent un foyer que la Loi est la première à démolir.

On refuse de croire, d'espérer. On considère comme une duperie ce qui ne nous donne pas un plaisir immédiat, physique.

On ne prie plus, on n'aime plus ; on fait des affaires, on veut de l'or, rien autre.

Sur les ruines des Cathédrales et des Palais, on rêve d'élever des Bourses et des Chambres syndicales. Le Juif prend sa revanche du Galiléen.

**

Les Francs-Maçons présentent cette rivalité entre

deux mondes comme la lutte de la tyrannie et du droit, comme la fin des hiérarchies insolentes, l'émancipation générale.

Ce n'est pas cela !

Avec la toute puissance de l'or, le champ de bataille a changé. Il faut savoir si, pour posséder, il est meilleur de ne plus produire régulièrement ; si, pour devenir riche, il ne faut plus le travail de trois générations, ou la gloire, ou le talent, mais des coups de Bourse, le bernage des électeurs, l'exploitation des plaintes des travailleurs ; si on doit apprendre au peuple qu'il a des devoirs, ou si l'argent absout tout.

La soumission du pays aux sottises de la politique semble annoncer qu'en France et, bientôt, ailleurs, on remplacera le premier mode par le second ; que les peuples accepteront d'avoir, pendant des siècles, espéré en une revanche du sort, pour être rançonnés par des parvenus au lieu de l'être par des grands seigneurs.

Et encore, si ces parvenus s'amusaient !

Pourquoi a-t-on désappris les rêves doux, et les consolations du dévouement, et la Foi en une apothéose de gloire et de liberté ?

Quels maîtres s'implantent à la place des gentilshommes du siècle dernier, lettrés délicats, des grandes dames semant, autour d'elles, leurs sourires et leurs bienfaits ?

Des tripoteurs qui amassent de l'argent sans but, par vanité, et ne savent même pas le dépenser; dont les distractions sont le jeu, l'absorption, sans soif, de boissons alcoolisées, qui traînent partout leur ennui agressif.

Ou des Juifs toujours inquiets, riant faux, ne sachant que devenir depuis leur triomphe.

La maison est déserte, le père va au cercle, la mère court les boutiques, les enfants sont élevés par les domestiques.

Les jeunes femmes inventent des maladies, se morphinent, lancent des modes extravagantes.

Le bal les ennuie, comme l'art, comme l'amour.

A vingt ans les fils sont blasés, écœurés de tout, de tous, d'eux-mêmes.

Le dégoût des choses saintes et l'insolence envers les humbles sont la marque de cette aristocratie nouvelle.

*

C'est pour permettre à ces élus de mener cette vie, que les neuf dixièmes des humains suent sang et eau, et crèvent de faim !

C'est pour en arriver à ce résultat qu'on a donné au peuple le suffrage universel et l'instruction gratuite !

Perpétuel avortement des espoirs d'ici-bas !

Pour sortir de cette crise où sombrera sans doute la Nation, il faudrait enlever du cerveau latin cette peur d'être dominé par un homme de génie qui est, en France surtout, une règle absolue.

Cette terreur d'obéir à un maître de valeur, alors qu'on subit six cents domestiques de comités, est le résultat de l'éducation républicaine.

L'homme a tellement besoin d'être dirigé, que son instinct le pousse toujours derrière un guide, quelqu'un à suivre, à écouter.

Il a fallu développer à outrance la vanité des électeurs pour leur faire renier cet instinct.

On y est parvenu après cent ans de déclamations, de sophismes, de travestissement de l'histoire.

Aujourd'hui, la crainte du tyran fait partie du bagage moral des Français. Dès qu'une tête s'élève au-dessus des autres, elle est désignée à la méfiance générale.

On ne saurait trop l'affirmer, les peuples sont ce que les font leurs maîtres ; il suffit d'un homme de génie pour assurer la gloire et la fortune d'une nation.

Richelieu, Pierre-le-Grand, Washington, Napoléon, Bismarck, ont conduit, comme par la main, des peuples faibles ou divisés vers des périodes superbes, ou bien ont assuré le bénéfice des révolutions à ceux qui les avaient faites.

S'ils n'étaient pas venus, ces peuples auraient dû attendre un chef d'égale valeur, car seul un grand homme est capable de diriger, et de rendre fécond, un grand mouvement.

Or, les peuples fiers et riches sont plus heureux que les autres. La gloire fait vibrer l'âme des jeunes, la fortune rend la vie douce, la religion éclaire la vieillesse des pères.

Les vaincus, entre dix malédictions, sont obligés d'admirer le vainqueur dont le talent assure ces joies à ses millions de sujets.

***

De cette constatation à la nécessité de remettre les destinées d'un peuple à un monarque, il y a loin.

La forme du gouvernement n'a pas grande influence sur le bonheur des habitants des pays civilisés. Des monarchies prospèrent, et des républiques ; il est des républiques intolérantes et des royaumes assurant le maximum de libertés.

Demain peut appartenir aux uns comme aux autres ; un prophète seul annoncerait si la Terre sera Russe, Allemande ou Américaine.

Mais elle ne sera pas latine, parce que le régime parlementaire, appliqué dans son intégralité, s'oppose à l'élévation au pouvoir d'hommes supérieurs.

***

Pour qu'un homme de très haute valeur, un de

ceux qui transforment les destinées d'une nation, put accomplir son œuvre en France, dans le pays par excellence du suffrage universel; il faudrait qu'il fut né avec le don de l'intrigue, le goût des petits calculs, des accointances avec les courtiers d'élections ; ensuite qu'il fit semblant d'appartenir à la coterie régnante, sans cela il serait combattu avec une énergie qui ne s'arrêterait pas au vol des bulletins.

Une fois au Parlement, à la moindre velléité d'indépendance, il se heurterait à une obstruction farouche ; les députés de la majorité ne l'écouteraient pas, taperaient les pupitres, et lui crieraient des injures.

Les journaux français, tous au service des Juifs, sauf une demi-douzaine, travestiraient ses idées avant de les offrir à leur clientèle.

S'il organisait des réunions publiques, trois cents souteneurs de la Préfecture couvriraient sa voix.

Si l'homme de génie appartenait à l'Armée, il serait brisé comme verre à sa première tentative pour arracher le pays à ce pouvoir politique qui érige en dogme sa suprématie.

Les exploits, les victoires et les héroïsmes ne serviraient qu'à le désigner à la colère des gouvernants.

Fonctionnaire, il devrait s'enrôler dans la claque officielle ; diplomate, il serait déplacé à chaque changement de ministère, et définitivement remercié.

Inventeur, il roulerait de bureaux en bureaux, sous les quolibets des uns et le mépris de tous. Explorateur, il serait renié dès qu'il inquièterait un voisin.

*
* *

Et tout le temps que durerait cet écrasement du Génie par la médiocrité, la presse de chaque peuple, sous la conduite du chef d'orchestre au baton en or, hurlerait aux jambes de l'audacieux, coupable d'empêcher les desseins des Juifs.

Ce serait un déchaînement général d'indignation et de calomnies.

Elle se méfie, la Juiverie ; elle sait que la Gaule fut souvent l'inspiratrice des révoltes contre l'oppression, et que dans une convulsion suprême, elle pourrait se débarrasser des mains qui l'étouffent.

*
* *

Les étrangers, de bonne foi, croient les Français en proie à une crise de folie.

Ce qui les stupéfie le plus, c'est la façon inouïe dont le gouvernement français comprend la défense des intérêts français.

Les grèves, surtout celles qui ont un cractère politique, qui proviennent de la haine des classes, sont une cause d'amoindrissement du bien public ; un gouvernement soucieux de son devoir serait toujours prêt à les apaiser, à les conjurer.

Au contraire, aujourd'hui on les encourage ! Les meneurs de grèves sont les gouvernants eux-mêmes! Les chefs chargés de maintenir l'ordre prêchent aux ouvriers la révolte, en vue, non plus d'une augmentation de salaire, mais de la ruine du patronat, car ils avouent leur but de traquer les capitalistes, de changer les règles du travail humain.

*
* *

Les Français comprennent aujourd'hui que, fatalement, la souveraineté des politiciens donne ses fruits. Mais ils sont ahuris par leurs désillusions, rendus sceptiques par le long triomphe du Mal, ruinés ou sur le point de l'être : ils ne luttent plus.

Quelques uns parlent encore ou écrivent. Aucun n'agit.

Chaque jour, les journaux publient des articles pour prouver la dégringolade du pays.

Que ce soit au sujet de la marine marchande, des progrès de l'ivrognerie, de la jeunesse des criminels, de la mauvaise organisation de l'assistance publique ; qu'il soit question de colonisation, de guérison des tuberculeux, du chiffre des naissances, les statistiques abondent pour montrer notre baisse sur l'échelle comparative.

Les plus ardents défenseurs du régime actuel sont les premiers à signaler cette débâcle.

En revanche, nul ne propose le seul remède possible : enlever la gestion du pays à ceux qui le gèrent si mal, changer un état de choses qui donne d'aussi lamentables résultats.

Les uns savent l'inutilité de leurs observations; les autres vivent de cette mort de la France.

**

Qui donc arrachera la Patrie à sa destinée logique ?

Autrefois on aurait pu compter sur l'intervention de l'armée.

Naguère, encore, elle haïssait, d'instinct, les politiciens.

Mais les francs-maçons la tiennent, ils lui enlèvent peu à peu toute énergie.

Pour cela ils emploient le moyen qui leur a réussi partout; ils y introduisent la politique, nomment des chefs délégués par leur clan, des chefs affirmant à la tribune que l'avancement des officiers est entre les mains des députés.

Et comme personne ne proteste, que cela semble devenir une loi acceptée, naturellement l'état-major s'habitue à cette idée de devoir son avancement à ces étranges maîtres.

**

Les officiers sont des hommes : il serait injuste de leur demander d'être toujours des héros d'Homère, de leur reprocher leur adhésion à un état de choses dont la responsabilité appartient au pays tout entier.

Cependant ils n'ignorent pas que le gouvernement en distribuant les grades, non plus suivant les services rendus ou la capacité, mais d'après l'enthousiasme manifesté par les élus envers les Juifs, prépare les pires défaites.

Il n'y a aucun rapport entre l'opinion professée sur la race parasite et l'art de gagner les batailles.

En plaçant au sommet de l'armée et de la marine des hommes dévoués aux Juifs, les politiciens font leur métier, mais les officiers savent mieux que personne qu'un pays est perdu lorsqu'il en arrive à confier la direction des forces à des protégés des écumeurs cosmopolites, lorsque les faveurs et l'avancement sont l'apanage de collègues révoltés contre les décisions de leurs propres tribunaux.

Une armée qui admet qu'on établisse chez elle une pareille hiérarchie, n'est même plus une garde nationale, c'est une seconde police au service de la politique.

Un ministre de la guerre Français a déclaré, du haut de la tribune :

— « L'avancement des officiers est entre les mains des députés ».

Ce qui est vrai, du reste, des documents indiscutables l'ont démontré depuis. Ce jour-là, notre armée a subi un désastre pire que Sedan.

Non seulement parce que les députés ne sauront pas désigner les chefs capables de guider les soldats, et les choisiront toujours parmi les politiciens ; mais surtout parce que ce fait d'un comité de généraux remettant le plus délicat de ses pouvoirs aux élus du suffrage universel, est la preuve indéniable de l'effondrement d'une force jusqu'ici la première, la preuve évidente que, malgré les vagues déclamations de quelques personnages, l'armée est devenue un rouage politique, qu'on y avance que par la politique.

On a fait semblant de paraître surpris de voir la délation devenir une habitude en France.

C'était fatal, au contraire.

Tant qu'on donnera le pouvoir à des groupes comme la Franc-Maçonnerie ou les comités électoraux, qui n'ont pas d'existence reconnue, légale, ces groupes seront obligés d'employer des moyens détournés pour dominer les institutions normales, régulières.

Un pouvoir occulte se sert de moyens occultes.

En confiant le gouvernement à des agences d'appétits, on ne pouvait s'attendre à mieux.

⁂

Au fond, ce qui règne, partout c'est l'hypocrisie. Nul ne tente de résister au mal. On préfère biaiser, ne pas voir.

L'armée sait fort bien que son rôle est d'imposer le respect des nobles devoirs, qu'elle est la sauvegarde des intérêts sacrés de la Patrie, et qu'elle trahit son mandat en protégeant des aigrefins qui la détestent et la détesteront toujours malgré leurs démonstrations intéressées ;

La Magistrature ne doute pas que, jadis, les juges refusant de rendre des services étaient, au-dessus d'elle qui va offrir les siens à des malandrins parvenus ;

La Noblesse qui hésitait à accueillir les bourgeois de race française, ayant grandi et combattu à côté d'elle, ne saurait être bien fière de se vautrer aux pieds d'héritières juives dont les mères, flasques et poilues, vendaient de la toilette et des conseils aux petites dames ;

Les bourgeois se sentent déchus depuis l'époque, pas bien lointaine, où ils dirigeaient le pays ;

Le peuple a trop de bon sens pour ne pas comprendre que la fin logique des folies socialistes est un gâchis où il perdra ce qui lui reste à perdre de bonheur et de pain.

Mais on ne veut pas s'avouer ces choses.

Le pays est aveuli. Il est désemparé comme un navire dont le gouvernail serait aux mains de fous ou d'aveugles. Il semble avoir renoncé même à espérer. Il n'a ni désir, ni but.

Les Américains veulent dominer la moitié du

globe ; les Allemands ne cachent pas leur projet d'être les maîtres d'une grande partie de l'Europe ; les Italiens cherchent à souder les anneaux d'une chaîne brisée depuis 1500 ans ; le Japon convoite l'Asie et l'Angleterre le Monde.

Seule la France n'a plus la force de souhaiter. Elle est tout entière à de basses intrigues ; le souffle ardent qui l'anima jadis est remplacé par un besoin de viles querelles autour de la pâtée.

Cette Terre qui fut la terre des grands mouvements et des sublimes efforts, d'où partirent les Croisés et les héros de Jemmapes, est devenu le pays des tripotages.

*
* *

Certes, pour fonder la société humaine sur le respect absolu du Bien, il faudrait changer l'Homme et, surtout, la Femme.

C'est dire qu'on doit se contenter d'un à peu près.

Mais cet à peu près serait si facile à obtenir, qu'on déplore la veulerie des hommes de vertu et de talent.

Dans chaque région, sur les plateaux du Thibet, au bord des lacs d'Amérique, ou dans l'enceinte de Paris, les braves gens sont en majorité.

Sur cent citoyens il en est quatre-vingts qui, dirigés dans les voies normales, tenus loin de l'action désastreuse des théoriciens, ne demandent qu'à vivre de leur travail, en respectant les droits de leurs voisins, à accepter les obligations sociales, aussi inéluctables que les obligations humaines.

Pourtant cette masse s'efface devant la minorité intolérante des aigrefins, des agités.

※

Il faut réagir à tout prix contre cette tyrannie des mauvais ambitieux. C'est une vieille vérité : la lâcheté des bons fait l'unique force des méchants. Si les premiers s'en donnaient la peine, on ne verrait pas ce qu'on voit chez presque tous les peuples: des millions d'hommes économes et sages, travailler jour et nuit pour entretenir des milliardaires qui ne savent comment dépenser leur or, effrayés, malgré eux, par la disproportion existant entre leurs misérables plaisirs et la somme épouvantable de labeurs fournie pour les leur procurer.

※

L'Astronomie, qui sera la grande étude et, sans doute, la grande science du xx° siècle, aura pour premier résultat de remettre d'aplomb les hommes et les principes également détraqués aujourd'hui.

D'abord, elle apprendra aux dévots à ne plus s'imaginer que Dieu est à leur disposition, car c'est pitoyable de les voir menacer les indifférents des foudres du Créateur, s'arroger le droit de parler et de punir en son nom.

L'impuissance absolue de notre cerveau, non pas à résoudre mais à comprendre les grands problèmes sera, à ce point de vue, une bienfaisante constatation ; lorsqu'une secte voudra imposer sa loi intransigeante, sous le prétexte qu'elle tient ce droit de Dieu lui-même, on saura que lui répondre.

* *
*

Ensuite, les producteurs de fluide, ceux qui revivent et qui vont vers l'éternelle vérité, ne se courberont plus sur le passage des sanguins.

Les Terriens pratiques qui se croient, et qui sont, les maîtres ici-bas, les travailleurs de la glèbe et de l'usine dont les revendications égoïstes hurlent à tous les échos, s'imaginent que les rares progrès humains sont dûs à leur compréhension du réel, à leur mépris des chimères.

Ils se trompent. Les mystiques ont, presque seuls, poussé l'humanité en avant. C'est eux qui l'ont conduite et qui devront toujours la conduire.

Jésus-Christ a plus fait pour l'émancipation des humbles que les révolutionnaires d'avant sa venue, et Blaise Pascal, un cérébral affiné, a construit, en dessinant la brouette, plus de lieues de route que des millions de terrassiers.

C'est l'inventeur qui fait la machine, et non le mécanicien.

Les premiers Grecs ont arraché les hommes aux querelles de bêtes de proie, et leur action a été autrement féconde que dix révoltes populaires ; c'étaient des nerveux, des paresseux, des rêveurs.

Les grands savants, les poètes, les artistes de génie dont l'œuvre nous élève au-dessus des misères terrestres, ne sauraient semer un sac de blé ou fabriquer un clou.

Plus on va, et plus les cris des sanguins se font insolents, tandis que les nerveux se cachent, comme honteux de leur rôle.

Ce sera un des bienfaits de la Foi nouvelle de donner à ceux-ci cette confiance en soi qui seule permet de faire reconnaître son droit par des inférieurs ignorants.

**

En dernier lieu, les hommes se rendront compte de la folie de leur orgueil, leur Terre étant une des plus infimes dans la série égrenée par les airs.

L'humanité entière n'emplirait pas une boîte haute comme la tour Eiffel et large dix fois comme le Champ-de-Mars de Paris.

Les malades, les bêtes brutes et les fous, fournissent un bon tiers de cette population. Dans le reste, on compte un homme intelligent sur 2.000, un homme remarquable sur 50.000, et pas un complètement heureux.

Avant que le cerveau ait terminé son développement, le corps se décrépit ; lorsqu'on connaît un peu la vie, on meurt.

Et cette poignée de miséreux représenterait l'effort de l'Esprit infini, l'œuvre de la Matière éternelle ! C'est pour produire cette boîte de pantins éclopés que des boules fantastiques se formeraient, éclaboussant de lumière et de feu des espaces sans fin !

Le travail formidable des mondes aurait pour couronnement un petit être aussi lamentable !

***

Il faut répéter une dernière fois cette comparaison ; elle seule donne une idée de la monstruosité de notre sottise.

Un voyageur traversant le Sahara prend, à dix pieds sous le sol, un grain de sable, au hasard.

Au moyen d'un microscope extraordinaire, il découvre, sur ce grain de sable, des êtres si infimes qu'ils semblent perdus sur cet atome de poussière.

Un de ces êtres, avec une allure insolente, lui dit :

— « Moi seul suis intelligent, seul mon domaine
« compte ! Je ne veux pas savoir s'il y a autre chose
« que cette Terre sur laquelle je règne. L'étude de
« mes qualités suffit à mon désir de m'instruire.

« Pour s'imaginer qu'on mêlera sa vie à celle des
« Terres voisines, il faut être fou ; ceux qui
« souhaitent un monde meilleur sont des hallucinés
« victimes des charlatans.

« Je mourrai tout entier parce que nul ne s'occupe
« de moi, n'a de droits sur moi ! »

« S'il y a un être au-dessus de moi, qu'il se
« montre ! tant qu'il ne se montrera pas, je le
« blasphémerai ! Je refuse de reconnaître un maître !
« Je ne crois pas en Dieu ! »

Le voyageur, d'abord stupéfait de l'énormité
de cet orgueil, s'amuserait beaucoup de ce révolté
infinitésimal.

Il s'amuserait autant, d'ailleurs, d'un autre
habitant microscopique, aussi perdu que le premier
sur son grain de sable, et qui expliquerait :

— « Moi, je suis fait à l'image du Créateur de toute
« chose ! Mon aïeul ayant appris à distinguer le
« Bien du Mal, ce Créateur a envoyé son fils
« mourir chez moi pour me rendre ainsi le droit
« d'habiter un Paradis spécial à ceux de ma reli-
« gion, qui n'a rien de commun avec les montagnes
« de sable voisines.

« Mes frères qui ne pensent pas comme moi,
« fussent-ils pleins de bon vouloir et de vertus,
« seront punis, parce que moi et quelques autres
« habitants nous tenons seuls la vérité ; s'ils n'ad-
« mettent pas nos croyances, si absurdes et si con-
« traires à l'évidence soient elles, je les hais, je leur
« promets des supplices éternels ! Je crois en Dieu ! »

En revanche, il ne saurait qu'approuver le troi-
sième parlant ainsi :

— « Moi, j'avoue ne rien comprendre aux raisons
« qui m'ont jeté sur un grain de poussière où je suis
« en proie à mille douleurs, raisons qui échapperont
« toujours à ceux de ma race.

« Pourtant je devine qu'il y a au-dessus de ma
« tête, des milliards d'autres grains plus rapprochés
« de la lumière et de l'air. Je devine aussi que la vie
« se manifeste, sereine et puissante, dans ces régions
« moins serrées que celle que j'habite par les étrein-
« tes de la Matière et que, là-haut, l'Être se trans-
« forme aux rayons du Vrai.

« Je suis pris dans un mouvement qui fait la vie
« superbe avec la vie inférieure ; j'ose donc espérer
« que suivant ce courant, je vais vers les pays où je
« connaîtrai les splendeurs entrevues.

« Et puisque l'Esprit qui anime tout, me montre
« ces Mondes comme étant réservés aux âmes sim-
« ples et bonnes, je prie cette Force de me donner,
« à moi simple et bon, la joie de revivre sur ces
« globes qui m'attirent, loin des maux parmi les-
« quels je me débats.

« J'espère avoir, un jour, la notion de Dieu ! »

*
* *

Car s'il n'est pas raisonnable de chercher le créateur d'une infinités de mondes qui paraissent n'avoir
jamais eu de commencement, il l'est bien moins
encore d'empêcher les hommes de croire au passage
de leur âme sur des terres liées à la leur par des

liens constants, nées du même soleil, partageant son sort, son existence.

Prétendre qu'un élan, une foi, un espoir qui ont fait tressaillir des millions d'êtres de choix, et causé les grands mouvements vers le Bien et le Beau, sont des phénomènes sans portée, des erreurs de l'imagination, c'est nier une des rares vérités qui s'imposent ici-bas.

Il y a eu, il y a, il y aura jusqu'à la fin de notre monde, des milliers d'extatiques vivant d'une vie extérieure, supérieure, échappant presque à cette matière que les positivistes affirment nous tenir tous complètement.

Le besoin d'en appeler des cruautés du destin n'existerait pas si le vaincu était obligé de rester ici-bas, car l'idée ne lui en serait jamais venue ; il n'y a pas d'effets sans cause.

Les martyrs mourant dans un suprême envoi de leur âme, les saints renonçant aux bonheurs terriens, les princesses se vouant au soin des lépreux, les héros semant leur sang pour des causes surhumaines, l'innombrable quantité de braves gens ayant pratiqué le bien avec la certitude d'être récompensés, ne sont pas le jouet d'une hallucination.

S'ils ne s'étaient pas sentis appelés par un monde consolateur et juste, ils n'auraient pas tous tendu les bras vers ce monde.

Les élans, qui font, à la même heure, à chaque

point de la Terre, lever aux étoiles les yeux de milliers d'hommes étrangers les uns aux autres, dans des situations de fortune et d'esprit très dissemblables, représentent sûrement un besoin réel, sont le résultat d'une attraction existante.

Le fait d'exiger un monde réparateur des injustices terrestres ne saurait être ni le fruit de l'éducation ni une forme de l'instinct, parce que la prière et la foi sont l'apanage d'élus ayant la même origine et le même instinct que les sanguins sceptiques.

**

Par contre, on peut le répéter : cette faculté du cerveau de produire le fluide de survie est un phénomène naturel ; elle se développe souvent par l'atavisme, l'éducation, elle est plus commune chez certaines races et à certaines époques.

On peut même remarquer que cette résurrection ne signifie pas toujours qu'il y a eu sélection ; quelques sanguins condamnés à demeurer ici-bas sont plus dignes d'estime que certains nerveux appelés par le ciel voisin.

Il ne faut pas l'oublier : notre planète est la plus infime parmi les globes privilégiés, et l'âme doit gravir encore de nombreux échelons avant d'arriver aux terres parfaites.

Nous assistons à la première épuration ; elle n'a rien d'absolu, étant donné la résistance de l'aveugle Matière.

Pourtant, malgré cette réserve, et en tenant compte que beaucoup de dévots sont des comédiens, on peut affirmer qu'une élite seule survit, envoie vers Mars son fluide individuel, et que ce serait un service à rendre à l'humanité de donner à cette élite le sentiment de sa force et de ses droits.

*
* *

Il y a une façon pratique d'obliger la masse à connaître cette vérité astronomique qui devrait servir de base à toutes les sciences.

Au lieu d'apprendre aux enfants et aux étudiants les bavardages des métaphysiciens et les négations ridicules des matérialistes, il faudra faire établir des tableaux grands de 3 à 4 mètres, et les accrocher aux murs de chaque classe, depuis la salle de huitième jusqu'aux amphithéâtres de l'école de droit.

Le premier de ces tableaux reproduira une partie du ciel, tel que le voit, à peu près, l'œil photographique : une quantité très serrée de ronds rouges, jaunes ou blancs, se découpant sur un fond uniformément bleu.

Autour de ces ronds, grands en moyenne, comme des pains à cacheter, représentant les soleils frères du nôtre, il y aura des points blancs très petits, semés au hasard autour des premiers, montrant les planètes de ces soleils, et des points plus petits encore, désignant les satellites.

Tout cela mélangé, chaque système solaire, différent du nôtre, mais rappelant sa disposition.

※

Une ligne conduira d'un des petits points blancs à la marge pour indiquer :

« Ceci est notre Terre ».

On aura soin de ne pas la mettre au milieu du tableau, pour que les élèves ne la croient pas le centre du mouvement.

Au lieu d'être arrêté par un cadre de lignes droites, le tableau le sera par des bords de nuages où l'on lira ces mots :

« Ce qui Existe n'a pas de limites, n'a pas eu de
« commencement, n'aura pas de fin. Il y a plus de
« soleils, et il y en a depuis plus longtemps que
« nous ne pouvons nous l'imamginer ».

La première fois, lorsqu'un élève dira au professeur :

— Je ne comprends pas.

Le professeur répondra :

— Moi non plus.

※

Au-dessous de ce tableau, la note suivante :

« Les soleils et les planètes sont des boules de
« feu devenant boules de glace et redevenant boules
« de feu pour devenir boules de glace, etc. Nous ne

« saurons jamais s'ils ont été créés, par qui, dans
« quel but.

« Aucun astre ne ressemble à l'autre ; mais tous
« se tiennent, s'attirant formant un ensemble infini
« et éternel dont notre pauvre cerveau ne se fera
« jamais la moindre idée.

« Les religions et les philosophes qui mettent en
« cause un Créateur, ignorent sûrement ce qu'elles
« affirment.

« Ce tableau est à peu près exact, puisqu'il est
« composé d'après la photographie et les données
« astronomiques les plus vraisemblables ».

Le second tableau figurerait notre système solaire.

Beaucoup plus large que haut, il aurait à gauche, une boule rouge d'un mètre de diamètre. Sur un fond bleu, des ronds concentriques représentant les ondes, partiraient de l'astre foyer, plus espacés, plus larges, de coloration plus adoucie, à mesure qu'ils s'en éloigneraient, de façon à démontrer l'intensité décroissante de la puissance des ondes, celles près du soleil d'un rouge aigu, comme le soleil, et très serrées, les autres plus larges et moins colorées à mesure qu'elles iraient vers la droite, finissant par de très larges arcs de cercles à peine colorés en jaune pâle.

Dans ce jeu de cercles concentriques, les planètes,

placées au hasard dans le cadre, mais à leur échelle respective et dans leur ordre, la Terre comme la moitié d'un grain de blé, Jupiter, comme un œuf, Uranus comme une noisette, etc.

Toutes ces planètes et leurs satellites seraient reliés par des lignes blanches donnant l'idée du réseau de forces qui les tiennent.

**

Au dessous, l'explication suivante :

« Notre système solaire.

« Notre Terre est une des éclaboussures lancées
« par le Soleil lorsqu'il était moins dense qu'aujour-
« d'hui.

« Ce qui Existe se compose de la Matière, formée
« de molécules extrêmement petites, et de l'Esprit,
« force intermoculaire, impondérable, invisible, qui
« l'anime et cherche à faire avec elle des êtres
« supérieurs.

« La lutte entre ces deux forces est la loi suprême.

« Le travail de la Matière se manifeste toujours
« par des ondes allant en diminuant d'intensité à
« mesure qu'elles grandissent en s'éloignant du
« point de départ.

« Plus les molécules sont en activité, et plus la
« force intermoculaire est gênée. Les planètes
« Mercure et Vénus, demeurées près du foyer cen-
« tral dans l'agitation de ses premières ondes, sont
« donc inférieures, l'Esprit n'a presque pas d'ac-
« tion sur elles.

« Sur Terre, il a pu élever une espèce au dessus
« des conditions de la vie bestiale ; sur Jupiter ou
« Neptune, il règne en maître. C'est vers ces pla-
« nètes supérieures que l'Esprit attire certains êtres
« dignes d'elles, ce qui les fait espérer en un monde
« moins injuste et moins cruel que le nôtre ».

Ajouter cette réserve :

« Ce second tableau n'est pas, comme le premier,
« une photographie des cieux ; il explique une
« théorie qui a besoin d'être prouvée, car si l'on
« découvrait une théorie plus vraisemblable, plus
« proche de l'évidence, il faudrait l'adopter ; il est
« impardonnable de s'accrocher à une croyance
« dont on a démontré la fausseté, ainsi que le font
« les religions actuelles ».

*
* *

Grandis entre ces deux tableaux, les élèves, au
bout de leurs études, considèreraient comme des
farceurs ou des hallucinés les prêtres positivistes,
chrétiens ou mahométans, qui leur parleraient au
nom de Dieu et de ses prophètes, leur explique-
raient la création, ou les obligeraient à ne jamais
lever le front vers les mondes superbes.

La niaiserie fanatique des croyances qui ont tenu
la Terre, et la sottise orgueilleuse des négations
qui cherchent à la tenir, leur sauteraient aux
yeux.

Ils n'admettraient, peut être pas le système exposé dans ce livre, mais ils exigeraient des autres le même respect de l'évidence.

Ce système est le seul, jusqu'à présent, qui s'appuie sur des faits scientifiques, et explique qu'on puisse survivre sur les planètes voisines sans se souvenir d'en avoir traversé d'autres.

Il répond à la fois aux élans des mystiques et aux révoltes des hommes de bon sens.

Lorsque les rayons de l'évidence commenceront à percer l'opaque nuage d'absurdité qui entoure la Terre, ceux qui auront deviné combien l'application de cette méthode rendrait service à une humanité victime de préjugés fous, devront répandre le plus possible les tableaux astronomiques indiqués ci-dessus.

Cela suffira pour arracher des milliers d'enfants aux étreintes de l'ignorance ; ils s'en apercevront, du reste, à la violence avec laquelle les éducateurs patentés gêneront leur apostolat.

*
* *

Qu'ils ne se découragent pas. Ils verront, malgré tout, la foule venir à eux ; un homme qui n'avait aperçu que des veilleuses, n'oublie jamais l'impression causée par une lucarne entr'ouverte sur un ciel radieux.

Surtout, qu'ils ne s'attardent pas à discuter avec les cuistres ! Qu'ils les laissent seuls s'engluer dans la prose d'Auguste Comte, ou longuement analyser des devises de mirliton comme : « Je pense, donc je suis ! »

On ne saurait trop le redire : Il n'y a pas un homme sur cent qui possède un esprit droit.

Les plus intelligents ont la rage de chercher dans leur raison le contraire de ce que leur enseignent les faits, de ce que voient leurs yeux.

La haute science, celle que l'Etat honore et que la foule entoure d'un respect suspertitieux, en est là ; il sera inutile de s'arrêter à ses arguties.

*
* *

Avant de construire un temple, il est nécessaire de balayer les débris amoncelés sur le terrain à bâtir.

Pour arriver à une amélioration du sort général, il faut à tout prix :

1° Renier les conceptions théologiques et philosophiques, plus fausses et plus incompréhensibles les unes que les autres, dont le cerveau humain a toujours été et est encore affollé ;

2° Soustraire à la domination des élus du suffrage universel, puissance ignare et brutalement injuste, les corps d'Etat, car cette main-mise par des délégués d'appétits stupides, sur la justice, l'armée, le clergé, les administrations, ne peut qu'affaiblir et avilir ces forces ;

3° Remettre dans la circulation l'argent drainé par les Juifs, et, dorénavant, tenir à l'écart de la famille humaine la race juive, race parasite, obéissant malgré tout à son terrible instinct de déprédation et de désagrégation.

Ce n'est qu'en posant le problème avec cette netteté qu'on obligera les théoriciens dont l'action est si néfaste, à se démasquer; parce que la masse, éprise, enfin, de clarté et de bon sens, ne se contentera plus des hypocrites hableries dont on l'a gavée jusqu'à ce jour.

.

Il y a, dit-on, dans les villages, des gens qui croient en l'avenir. Pourtant, la vie devient chaque jour plus désagréable, plus exigeante.

Les conditions de l'existence, avec la haine des classes, la lutte enragée pour l'argent, la tyrannie des médiocres, la férocité des administrations impersonnelles, la rendent insupportable au brave homme pris de beaux rêves, de calme, de vrai bien-être.

Les routes les plus tranquilles, les vallons et les bois, son sillonnés, comme les villes, de voitures empestées, hideuses et dangereuses ; la flânerie, si charmante, de jadis, y est impossible.

Les revendications ouvrières grondent partout.

C'est l'heure de montrer un refuge sur Mars ou Jupiter.

Les âmes simples et aimantes apprécieront bientôt les joies de cette survie dans les planètes, à l'abri de toutes ces belles choses.

Fuyant de leur mieux le chaos terrestre, elles enverront vers les mondes où les attendent leurs amours brisés, des prières qui feront partie de la vie de ces mondes. Pour peu que les lunettes rapprochent Mars, où que l'on suive suffisamment l'Esprit lorsqu'il emporte le fluide humain, on aura une source nouvelle de sensations exquises.

Cela rappellera les premières époques chrétiennes, quand Jésus ouvrit, aux déshérités d'ici-bas, des cieux justes et radieux.

Seulement, cette fois, la religion sera appuyée sur la réalité, et on pourra se laisser aller, sans crainte, aux joies de l'Espérance.

***

Il serait fou de s'imaginer que les dévots, à la lecture de ces humbles pages, devant l'exposé de faits aussi simples, renieront les croyances dont leur vie est faite.

Un seul sentiment s'éveillera en eux : une haine dédaigneuse envers l'écrivain qui essaie de mettre la réalité entre eux et leurs visions.

Quant aux positivistes qui n'admettent que les faits matériels, ils ne tiendront jamais compte de ce besoin de prière et de foi sur lequel repose cet enseignement.

Dans ces deux camps, il y a un parti pris, dont rien ne viendra à bout.

Pour les francs-maçons, les mystiques sont en proie à un état maladif, à une dépravation de l'imagination ; ils subissent les conséquences d'une éducation fausse, viciée dès l'origine, et dont le but est de placer l'humanité sous la domination des prêtres. Les hommes seront des niais obéissant à des superstitions savamment entretenues ; les filles seront de la chair à curé.

Pour les croyants, ces athées qui ne vibrent pas aux appels de Dieu, qui ne se sentent pas pliés par la nécessité de s'adresser à Celui qui tient leurs âmes, ces francs-maçons égoïstes vautrés dans la fange, sont des êtres d'ordre inférieur, des brutes malfaisantes.

**

La vérité est entre ces deux systèmes.

Il y a sûrement, autre chose que la vie matérielle, et cet autre chose n'est pas ce qu'enseignent les prêtres.

Cependant, ceux dont le geste montre des cieux miséricordieux aux cœurs nobles, sont bien plus près de la vérité que les serviteurs du Veau d'or, dont le but est de condamner, sans rémission, le peuple aux écœurantes injustices de notre planète.

La science astronomique est jeune encore ; elle prouvera bientôt, d'une façon indiscutable, ce qu'affirment ces pages, ce qui est, ce qui ne peut pas ne pas être.

***

Ce livre n'est pas destiné aux heureux du jour. Sanguins et positifs, ils ne le comprendraient pas.

Il est fait pour les vaincus de la vie qui se désespèrent de l'inutilité de leurs efforts.

Pour les faibles, les humbles obligés de s'effacer devant la sottise insolente ; pour les pauvres ; pour les rêveurs dont le rêve s'est heurté si souvent aux grilles de la prison forgée par les matérialistes ; pour les amoureux qui veulent croire à la durée de leur charmant voyage ; pour les oubliés, enfin, qui ont adoré la femme, et qui, vieillis et, par conséquent, délaissés, frissonnent encore, malgré tout, lorsque la brise leur apporte les ironiques mélancolies de l'éternelle chanson d'amour.

***

L'écrivain qui s'attaque aux Juifs et aux cléricaux, est condamné d'avance à connaître tous les déboires et tous les outrages.

On essaiera d'abord de faire autour de ce livre la conspiration du silence, ce qui sera facile, les journaux ayant besoin du clergé ou de la juiverie étant dans la proportion de 200 contre un

Puis viendront les injures les plus viles ; on fouillera mon passé, pourtant tout de travail et d'humilité, pour découvrir un prétexte à insultes, et, comme on n'en trouvera pas, on finira par m'injurier sans prétextes, simplement.

Ce sont les mœurs actuelles.

Nul n'en sera moins que moi surpris ou inquiet.

**

J'ai pensé qu'il était l'heure de jeter cet appel parmi les hurlements qui assourdissent la nation.

J'ai voulu parler de bon sens et de patriotisme dans un pays livré à une bande comopolite

Avant tout, il faut arracher aux mains impies la France de Richelieu, de Montaigne et de Jeanne-d'Arc.

Je me suis employé de mon mieux à écheniller cette idole, fier, quoi qu'il arrive, d'avoir apporté mon rayon au miroir de Vérité qu'elle levait jadis sur le Monde, d'avoir essayé d'ajouter un fleuron à sa couronne de gloire.

FIN

Paris-Nice, Mars 1900-Mai 1905.

PARIS
IMPRIMERIE DE LA SEINE
14 & 14 bis, AV. DE VERSAILLES.

www.ingramcontent.com/pod-product-compliance
Lightning Source LLC
Chambersburg PA
CBHW070748170426
43200CB00007B/694